Meine Augen schauen stets auf den Herrn;
denn er befreit meine Füße aus dem Netz.
Wende dich mir zu und sei mir gnädig;
denn ich bin einsam und gebeugt.
Befrei mein Herz von der Angst,
führe mich heraus aus der Bedrängnis!

Psalm 25, 15–17

Anselm Grün · Andreas Felger

Befrei mein Herz von der Angst

Aquarelle und Betrachtungen

Präsenz

Einleitung

Angst bedrängt heute viele Menschen. In Gesprächen höre ich immer wieder die Klage: „Ich habe Angst." Wenn ich nachfrage, dann kommen Antworten wie: „Ich habe Angst, mich zu blamieren, abgelehnt zu werden, einsam zu sein, allein gelassen, verlassen zu werden. Vielleicht schaffe ich mein Leben nicht! Ich fürchte mich so vor der Zukunft und dem, was sie bringen wird. Womöglich stürzt alles über mir zusammen und ich weiß nicht weiter. Die Vorstellung, an Krebs zu erkranken, bedrängt mich. Die Sorge, im Alter anderen zur Last zu fallen, treibt mich um. Ich habe Angst vor dem Tod."
Es gibt zahllose Ratgeberbücher darüber, wie wir mit der Angst umgehen sollen. In diesem Buch soll die Angst vor allem angeschaut werden. Indem wir auf die Bilder der Angst blicken, können wir sie und letztlich uns selbst besser verstehen. Das ist die Voraussetzung dafür, dass sich unsere Angst verwandeln kann. Wenn ich mit meiner Angst spreche, lerne ich sie zu verstehen. Sie bekommt einen Sinn. Ohne sie hätte ich kein Maß. Manchmal hilft sie mir zum Beispiel, mein Leben realistischer einzuschätzen und mich von Illusionen meiner eigenen Größe und Unverwundbarkeit zu verabschieden. Aber es gibt auch Ängste, die mich lähmen und am Leben hindern. Wenn ich mich mit ihnen unterhalte, dann führen sie mich auf eine tiefere Ebene und helfen mir, auf den Grund meiner Seele vorzudringen. Dort will Gott mir begegnen und mir Stille, Frieden, Freiheit und Vertrauen schenken, wo sie mir niemand nehmen kann. Die Angst verweist uns also im Tiefsten auf Gott. Wo er ist, hat das, was mich bedrängt, keinen Zutritt. Aber an diesen Ort gelange ich nur, wenn ich die Angst nicht überspringe, sondern sie anschaue, mich mit ihr beschäftige und mich von ihr zu Gott führen lasse.

Es sind Bilder von Andreas Felger, über die wir uns mit der Angst beschäftigen wollen. Wie aus heiterem Himmel ist ihm die Angst vor einiger Zeit zum Thema geworden. Auf einmal malte er Bilder mit Menschen ohne Arme, Bilder von bedrohlicher Dunkelheit, Bilder von Zerrissenheit, Bilder, in denen die Angst uns entgegen blickt. Aber Andreas Felger bleibt nicht bei ihr stecken. Da tauchen mitten in der Bedrohung Motive der Hoffnung auf, Motive der Überwindung und der Verwandlung. Da leuchtet im bedrängenden Dunkel ein weißer Spalt auf, durch den Gott eintritt in unsere Welt, um das Unheimliche zu entmachten. Die Bilder laden uns ein, uns

von der eigenen Angst anblicken zu lassen und ihr standzuhalten, damit sie sich wandeln kann.
In unsere Angstbilder wollen sich aber auch die Hoffnungsbilder hineinmalen. Sie bringen das göttliche Licht des Vertrauens, der Befreiung und der Erlösung, damit wir angesichts unserer Angst aus dem Vertrauen leben, das uns Gott selbst schenkt.

Immer wieder werde ich biblische Worte zitieren, die von der Angst sprechen. Das biblische Wort soll wie eine Brille sein, durch die wir auf die Bilder von Andreas Felger schauen, um sie zu verstehen, um in ihnen unsere eigene Angst zu entdecken und zugleich einen Weg aus der Angst zu finden. Andreas Felger lebt von und aus der Bibel. Daher ist es angebracht, seine Bilder von der Bibel her zu deuten. Nicht in allen Bibelübersetzungen ist an den Stellen, die ich zitiere, von der Angst die Rede. Häufig beziehe ich mich auf die Zürcher Bibel, die dort von Angst spricht, wo die Einheitsübersetzung die Worte Not oder Bedrängnis setzt. Je mehr ich die Bilder von Andreas Felger betrachtet habe, desto mehr Stellen in der Bibel fielen mir ein: Worte aus den Psalmen, aus den Propheten, Worte Jesu, Gleichnisse Jesu und Geschichten, in denen von Angst und deren Überwindung erzählt wird. Die Bibel liefert uns keine Theologie der Angst. Aber sie beschreibt uns viele Ängste, wie sie uns auch die heutige Psychologie vor Augen führt. Und die Bibel zeigt uns Wege aus der Angst.

So sehr die Bibel das Thema „Angst" immer wieder anklingen lässt, so wenig war es lange Zeit in der Theologie präsent. Sie folgte hier der Philosophie, die das Thema über Jahrhunderte hinweg vernachlässigt hat. Erst Sören Kierkegaard hat die Angst zu einem zentralen Thema seines Denkens gemacht. Kierkegaard unterscheidet zwischen der Furcht und der Angst. Die Furcht ist eine Reaktion auf eine erkennbare Bedrohung, auf einen feindlichen Angriff, auf eine bevorstehende Prüfung, auf einen drohenden Unfall. Furcht habe ich immer vor etwas. Die Angst dagegen ist ohne Objekt. Sie ist einfach da. „In ihr fühlt sich das Ich selbst bedroht, und zwar von innen her." (Haefner, LThK 672)
Die Existenzphilosophie hat die Gedanken Kierkegaards aufgegriffen und weiter geführt. Martin Heidegger analysiert die menschliche Angst. Sie befreit uns aus der gewöhnlichen Weltverfallenheit und ermöglicht so, uns gegenüber dem Vordergründigen zu distan-

zieren und diese Welt zu übersteigen. Die Angst ist für Heidegger die Bedingung, um überhaupt metaphysische Fragen zu stellen. Der französische Existentialist Jean Paul Sartre versteht die Angst als Erschrecken des Menschen davor, dass er für diese Welt und für sein eigenes Leben verantwortlich ist.

In der Theologie hat man sich wenig Gedanken über die Angst gemacht. Dafür hat man lieber den Menschen Angst eingejagt, indem man die Qualen der Hölle in Angst machenden Bildern schilderte und aus der frohen Botschaft eine Drohbotschaft machte. Das Bild eines alles sehenden und kontrollierenden Gottes, der uns zuletzt strafen wird, hält darum viele Herzen gefangen. Allerdings ist hier oft eine Wechselwirkung festzustellen. Menschen, die zur Ängstlichkeit erzogen wurden, klammern sich oft an Bibelstellen, die diese Haltung noch bestärken. Sie hören aus der Predigt immer das heraus, was ihre bekümmerten Vorstellungen bestätigt.
In letzter Zeit hat sich die Theologie auf dem Hintergrund psychologischer Einsichten wieder mehr dem Thema zugewandt. Vor allem die Pastoraltheologie und Pastoralpsychologie sehen sich ständig damit konfrontiert. Dabei haben sie die Einsichten der Psychologie aufgegriffen, die von den verschiedenen Formen der Angst spricht. Die Realangst bezieht sich auf eine drohende, große Gefahr. Sie kann Kräfte in uns mobilisieren, um dieser Gefahr zu entgehen. Aber sie kann auch lähmen. So ist das Kaninchen panisch und starr auf die Schlange fixiert, anstatt ihr so schnell wie möglich zu entrinnen. Die existentielle Angst, die wesentlich zu uns gehört, konfrontiert den Menschen mit seiner Sterblichkeit und Hinfälligkeit. Er kann krank werden, von Unfällen geschädigt, er wird letztlich sterben. Und es gibt irreale Ängste. Menschen werden oft von Wahnvorstellungen heimgesucht, die ihnen unheimlich zusetzen. Am weitesten verbreitet – so meint die Psychologie – sind die neurotischen Ängste, die aus der Verdrängung wichtiger Triebe oder Bedürfnisse resultieren. Das Verdrängte meldet sich dann trotzdem in der Seele des Menschen zu Wort und löst Angst aus. Es bedroht sein mühsam aufgebautes Lebensgebäude und kann ihn krank machen.

Die Seelsorge muss sich den Ängsten der Menschen stellen. Dabei ist es vor allem wichtig, ein Gespür dafür zu entwickeln, wo die Ängste von krankmachenden Weisen von Frömmigkeit oder religiöser Unterweisung herrühren. In der Seelsorge geht es um Gottesbilder. Ein Selbstbild, das von Angst infiziert ist, hängt oft mit der Vorstellung eines strengen, übermächtigen Gottes zusammen. Dem muss die Seelsorge auf den Grund gehen, damit das Selbstbild korrigiert und von Angst befreit werden kann. Und sie soll den Menschen helfen, mit ihren Ängsten – seien es nun reale oder irreale, normale oder krankhafte – angemessen umzugehen.

Gott ist in der Bibel der, der uns von der Angst befreit. Allerdings wird Gott uns nur von unserer Angst erlösen, wenn wir sie ihm auch hinhalten. Hinhalten kann ich nur, was ich selbst anschaue. Manche Christen schreien zu Gott, er möge ihnen ihre Angst nehmen, ohne dass sie bereit sind, sie überhaupt anzuschauen. Die Bilder von Andreas Felger helfen uns, sie in den Blick zu bekommen. Zugleich verweisen sie uns auf Gott, der unsere Angst verwandelt und uns von ihrer Bedrohlichkeit befreit. So möchte dieses Buch Ausdruck einer Seelsorge sein, die uns einlädt, unsere Ängste in das Licht des auferstandenen Jesus Christus zu halten, der in Tod und Auferstehung unsere tiefste Angst überwunden und verwandelt hat.

O wäre es Abend!
ob der Angst deines Herzens

O wäre es Abend!

1

ob der Angst deines Herzens Deut 28,67

Im 28. Kapitel des Buches Deuteronomium fordert Mose das Volk auf, Gott zu fürchten und alle seine Gebote zu halten. Gottesfurcht ist für die Israeliten der Anfang der Weisheit. Wer Gott fürchtet, der hält seine Gebote. Er braucht sich nicht zu fürchten vor den Schrecken des Tages oder der Nacht. Gottesfurcht hat nichts mit Angst zu tun. Sie meint vielmehr, dass ich Gott ernst nehme, dass ich mich von ihm betreffen lasse. Gott ist eben nicht etwas, über das ich belanglos nachdenken und sprechen könnte. Wenn ich wirklich Gott begegne, dann fährt er mir in die Knochen, dann nehme ich ihn ernst. Gottesfurcht befreit von Menschenfurcht. Und Gottesfurcht befreit von den Sorgen und Nöten, die mich immer wieder überfallen, wenn ich nur darauf aus bin, mein Leben zu sichern. Ich kann mein Leben nicht in der Hand halten. Es ist endlich. Es kann durch Krankheit oder Unfall eingeschränkt werden. Und es wird im Tod vernichtet. Letztlich hat jede Angst etwas mit dem Tod zu tun. Der Tod ist der Stachel, der uns bedrängt. Er bohrt sich oft in unser Herz als Schrecken ein, der uns die Freude am Leben verleidet. Mose droht dem Volk an, wohin es geraten wird, wenn es die Gottesfurcht vergisst: „Am Morgen wirst du sagen: Wenn es doch schon Abend wäre!, und am Abend: Wenn es doch schon Morgen wäre! – um der Angst zu entfliehen, die dein Herz befällt, und dem Anblick, der sich deinen Augen bietet." (Dt 28,67) Wer sich um Gottes Gebote nicht kümmert und Gott nicht ernst nimmt, der gerät in die Enge.

Die Tür, die uns heraus führt, ist die Gottesfurcht. Andreas Felger hat das Bedrohliche in den dunklen Balken dargestellt, die sich über unser Leben legen. Doch der weiße Spalt der Tür führt ins Licht. Gott selbst, der so in unser Leben hinein ragt, führt uns heraus. Der Tod steht immer an der Tür unseres Lebens. Er bedroht alles, was wir tun. Wenn wir aber angesichts dieser Realität auf Gott schauen und Gott ernst nehmen, können wir unser Leben trotzdem in Gelassenheit und Freude leben. Der weiße Spalt, durch den Gott gleichsam in unser Leben tritt, führt uns in die linke Hälfte des Bildes, die mit freundlichen Farben gemalt ist. Durch Gott wird unser Leben hell. Da gibt es das helle Blau, das auf den Himmel verweist, der über unserem Leben aufgeht. Das Grün deutet die Lebenskraft, die viriditas, von der die heilige Hildegard von Bingen spricht. In der Grünkraft zeigt sich letztlich Gottes Lebendigkeit, die uns durchdringt und sich auch vom Tod

nicht zerstören lässt. Und es gibt da ein Gelb, den Schein der Sonne Gottes, den er auf unseren Alltag fallen lässt.

Der Grund, auf dem das Bild ruht, zeigt die braune Erde, über die wir gehen. Schwarze Flecken auf der braunen und manchmal auch grauen Erde verweisen auf die Schritte unseres Lebens. Durch Gottes Wirklichkeit treten wir hinaus in die Welt wie durch einen weißen Spalt. Und oft genug erinnern uns unsere Schritte an das Dunkel des Todes. Wir haben keine Gewissheit, wie viele Schritte wir in unserem Leben machen und wohin uns diese Schritte überall führen. Aber eines ist gewiss: die Schritte, die aus dem Licht Gottes kommen, werden im Licht Gottes enden. Das nimmt dem Tod seine Macht. Im Lobgesang des Zacharias hören wir von dem aufstrahlenden Licht aus der Höhe, das uns leuchtet, um „unsere Schritte zu lenken auf den Weg des Friedens“ (Lk 1,79). Wenn Christus aufstrahlt über unserem Leben, dann werden uns unsere Schritte in den Frieden Gottes führen. Und das Dunkel des Todes wird seinen Schrecken verlieren.

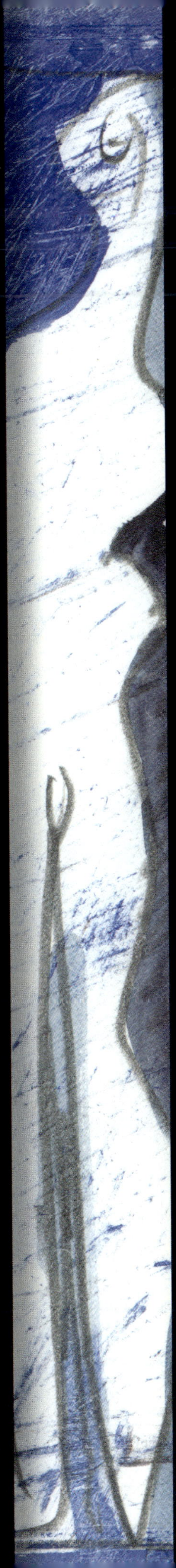

Wer sich fürchtet
und Angst hat,
der kehre um!

Wer sich fürchtet und Angst hat, der kehre um! Ri 7,3

2

Als Gideon mit 32.000 Leuten gegen die Midianiter zieht, befiehlt ihm Gott, die Leute auszumustern. Wer sich fürchtet und Angst hat, der soll umkehren und nach Hause gehen. Gideon mustert seine Soldaten und lässt 22.000 wieder nach Hause gehen. Sie haben Angst. Von den 10.000 mustert Gott selbst nochmals 300 aus durch die Art und Weise, wie sie aus dem Bach trinken. Gott möchte nicht, dass die Israeliten meinen, sie würden aus eigener Kraft die Midianiter besiegen. Es ist Gott, der das große Heer Midians in ihre Hand gibt. Entscheidend ist, dass die Israeliten auf Gottes Beistand vertrauen. Dann vermögen sie mit nur dreihundert Mann das riesige Heer der Feinde in die Flucht zu schlagen. Das ist ein wichtiges Bild für unsere Bedrängnisse. Wenn wir nur auf uns und unsere Kraft schauen, beginnen wir uns zu fürchten vor dem, was uns im Alltag bedroht. Angst steigt in uns auf, wir könnten arbeitslos werden; wir könnten unser Leben nicht meistern; unsere finanziellen Verpflichtungen nicht bedienen; unser mühsam aufgerichtetes Lebensgebäude könnte mit einem Schlag zusammen brechen. Wir haben keine Garantie, dass wir unser Leben bewältigen, dass wir unsere Arbeit behalten, dass wir gesund bleiben. Vertrauen heißt nicht, dass sich diese negativen Vorstellungen einfach auflösen. Angst wird immer wieder hochkommen. Aber anstatt auf sie zu starren, können wir uns von ihr daran erinnern lassen, dass Gott mit uns ist, dass Gott mit uns und für uns kämpft.

Man kann das Wort aus dem Buch Richter auch noch anders verstehen. Wer Angst hat, dem kehrt sich alles um, der steht auf einmal Kopf. So hat es Andreas Felger in seinem Bild dargestellt. Er weiß nicht mehr, was oben und was unten ist. Alles gerät durcheinander. Felger hat viele solcher Bilder gemalt, auf denen die Personen keine Arme haben. Und auch ihre Gesichter haben keine Form. Sie sind verdreht und konturlos, völlig aus dem Lot geraten. Alles ist verkehrt. Sie haben ihre Mitte verloren, sind orientierungslos, sehen keinen Sinn in ihrem Leben. Eine Grundangst des Menschen besteht darin, dass sein Leben wertlos ist, dass es gleichgültig ist, ob er steht oder fällt, ob er aufrecht ist oder verkehrt, gerade oder verbogen. Die Bilder laden uns ein, uns selbst im Spiegel zu betrachten. Wo ist mein Leben aus den Fugen geraten? Wo hat sich in mir alles umgedreht? Wo erlebe ich Sinnlosigkeit, Gleichgültigkeit, Umkehr aller Werte?

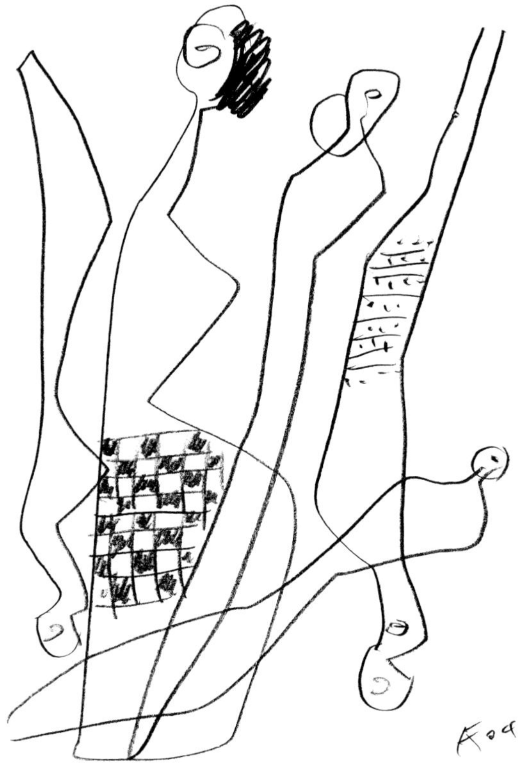

Doch es genügt nicht, die Angst anzuschauen, die mir das Bild vor Augen hält. Was hilft mir, frei zu werden? Die Geschichte aus dem Buch Richter lädt uns ein, unser Vertrauen auf Gott zu setzen. Doch wie finde ich Vertrauen zu Gott? Die Aufforderung, auf Gott zu vertrauen löst meine Angst nicht. Mir hilf es, mir selbst einzugestehen, das alles in mir durcheinander geraten kann, dass sich alles umkehrt in mir. Ich lasse diese Möglichkeit zu und wende mich nach innen. Dort finde ich den Raum, in dem Gott wohnt und in mir herrscht, so wie es Jesus verheißen hat: „An demselben Tage werdet ihr erkennen, dass ich in meinem Vater bin und ihr in mir und ich in euch." (Joh. 14,20) Dort, wo Gott in mir ist, wohnt das Vertrauen. Dort bin ich auf Gott ausgerichtet. Nichts kann mich durcheinander bringen. Der Feind hat keinen Zutritt. Es ist gar nicht nötig, mit gewaltiger Anstrengung das ganze Heer meiner seelischen und körperlichen Kräfte zu aktivieren, um den Feind zu bekämpfen. Wo Gott in mir herrscht, hat nichts und niemand Macht über mich und nichts kann mich besiegen. Dort ruhe ich in Gott. Das Leben wird nicht weniger bedrohlich. Aber die Bedrohung hat mich nicht im Griff, weil Gott in mir lebt und ich in ihm zuhause bin.

Als ich in Angst war, rief ich den Herrn an.

Als ich in Angst war, rief ich den Herrn an 2 Sam 22,7

3

Mund und Augen starren uns an aus dem Gesicht, das hinter roten Gitterstangen hervorlugt. Es ist ein Gesicht, das gefangen ist. Alles ist fahl drumherum und die Augen sind von derselben Fahlheit. Zwei Aspekte werden für mich in diesem Bild deutlich. Angst hält gefangen – das ist der erste. Sie umringt mich wie ein Gefängnis, aus dem ich nicht heraus komme. Nicht vor einem bestimmten Ereignis fürchte ich mich oder vor einem Menschen. Es ist die Angst, die auf mir liegt wie eine Last und mich nicht frei atmen lässt. Hier sind die Gefängnisstangen rot gezeichnet. Rot ist die Farbe der Liebe, aber auch der Leidenschaft. Leidenschaft kann das Leben eines Menschen völlig in Beschlag nehmen. Er weiß keinen Ausweg, wie er ihr entrinnen kann, und fürchtet, zu Taten hingerissen zu werden, die ihn selbst zerstören. Aber trotzdem kann er sie nicht ablegen. Sie hat ihn im Griff. Es ist die Angst, von inneren Emotionen und Leidenschaften übermannt und beherrscht zu werden. Das führt oft zu Zwängen, die wie ein Gefängnis sind. Da muss jemand alle Steckdosen überprüfen, bevor er sein Haus verlässt. Und bevor er schlafen geht, muss er dreimal durch das Haus gehen und nachsehen, ob alle Türen wirklich verschlossen sind. Obwohl sein Verstand das Unsinnige daran durchaus einsieht, treibt ihn die Angst immer wieder zu dem zwanghaften Verhalten.

Den zweiten Aspekt sehe ich in der fahlen Farbe ausgedrückt. Alles ist diffus, alle Konturen verschwimmen. Ich habe keinen Halt, versinke in einem Schlamm von Unklarheit, von Undurchsichtigkeit und Gleichgültigkeit. Es ist die Stimmung der Depressivität, die aus dieser trüben Blässe hervorscheint. Die Angst, in eine Depression zu versinken, treibt heute viele Menschen um. In der Depression bestimmt das Gefühl, im Loch zu sitzen. Der Geschmack am Leben geht verloren. Getrübte, matt gewordene Augen können die Schönheit der Welt nicht mehr erkennen. Depression ist ein nach unten ziehender Sog. Viele haben Angst, sich ihrer Depression zu stellen. Denn vor den andern zugeben zu müssen, dass man von depressiven Stimmungen heimgesucht wird, erscheint als Eingeständnis, krank zu sein und nicht mehr leistungsfähig. So ist die Depression mit der Pein verbunden, fallen gelassen zu werden, nicht mehr tauglich zu sein für das Leben, ausgemustert zu werden aus dem Club der Starken und Gesunden.

Der rote Mund ist ein einziger Schrei. Als David von Gott aus der Hand Sauls und all seiner Feinde errettet wurde, sang er ein Danklied. Darin heißt es: „Als ich in Angst war, rief ich den Herrn an." (2 Sam 22,7) Dieser Schrei geht nicht ins Leere. Er ist ein Herbeirufen des Herrn. Das deutsche Wort Gott heißt eigentlich: der Herbeigerufene, der Angerufene. Während für die alten Griechen Gott vor allem ein Gott war, den man schaut (Theos=Gott kommt von theasthai=gesehen werden), haben die Germanen Gott offensichtlich als den erlebt, den man anruft, zu dem man schreit, an den man sich in der Not wendet. Für sie war Gott der, an den sie sich richten konnten. Wer seine Angst heraus schreit, wendet sich letztlich immer an Gott. Er hofft, dass Gott ihn hört und seine Lage zum Besseren verändert. Das Schreien selbst hat schon etwas Lösendes. Aber entscheidend ist, dass ich jemanden habe, dem ich mich in dieser Situation zumuten kann. Es ist Gott, zu dem ich schreie, den ich anrufe. Die Gitterstäbe meines Gefängnisses werden im Schreien gesprengt, ich trete heraus ins Freie. Jetzt bin ich nicht mehr gefangen, sondern weiß mich von Gott gehalten. Das verwandelt mich. Das Gefängnis der Angst verhindert Beziehung. Aber indem ich meine Not zu Gott hin schreie, bin ich in Beziehung zu ihm. Und bin nicht mehr allein. Ich werde gehört und erhört. Das gibt mir mitten in meiner Angst Geborgenheit und Halt.

Der Frevler
bebt in Ängsten
all seine Tage

Der Frevler bebt in Ängsten all seine Tage

Ijob 15,20

4

Im Buch Ijob und auch in den Weisheitsbüchern wird die Angst oft als Kennzeichen des Frevlers gesehen. Wer von Gottes Geboten abweicht, der bebt in Ängsten, den erschrecken Furcht und Drangsal. „Sie packen ihn wie ein kampfbereiter König." (Ijob 15,24) Wir dürfen auf keinen Fall meinen, wir würden gegen Gott sündigen, wenn wir Angst haben. Viele Menschen glauben so. Aber das ist ein schwerwiegender Irrtum. Denn es gibt Ängste, die uns unabhängig von unserer Beziehung zu Gott überfallen; die uns seit der Kindheit begleiten; die ausgelöst sein können durch eine schwierige Geburt. Unser Sein begann im Mutterleib, und was uns da begegnet ist, steckt tief in uns drin. Auch jedes Angstgefühl. Dunkelheit oder die Erfahrung von Enge können diese uralte Angst in uns wieder auslösen. Und es wäre fatal, wenn wir uns dieses Erleben als Schuld in die Schuhe schieben würden.

Aber in jeder Aussage steckt auch ein Körnchen Wahrheit. Es gibt auch die Angst, die den befällt, der von Gottes Geboten abgewichen ist. Indem er sich bewusst gegen Gott und auch gegen seine eigene Seele stellt, verleugnet er, was Gott in ihn hinein gelegt hat. Er lebt nicht so, wie es wirklich zu ihm passt, sondern entfremdet sich. Dann reagiert seine Seele mit Ängsten, die ihn nachts im Traum heimsuchen oder ihn mitten am Tag bei irgendeiner harmlosen Situation befallen.

Im Bild schaut uns ein Gesicht entgegen, das in sich zerrissen ist. Die Zerrissenheit zeigt sich in den verschiedenen Farben, die das Gesicht zerteilen. Am unteren Rand gibt es Zacken, sie reichen in das Gesicht hinein. Dieses hat vier Augen, wobei die Augen auf der rechten Seite nur halb dargestellt sind. Von der deutschen Sprache her ist der Frevler der, der stolz und verwegen ist, der frech und trotzig andern gegenüber tritt. Der Frevler hält sich an kein Gesetz. Er achtet die Menschen nicht, setzt sich über sie hinweg und entwertet sie. Der Frevler wird heimgesucht von Angst. Wer sich stolz über die Menschen hinwegsetzt, der lebt ständig in der Bedrohung, dass die andern seine eigenen Schwächen entdecken und schonungslos aufdecken. Er wird nachts von Träumen aufgewühlt. Auf der linken Seite des Bildes blickt ein dunkles Gesicht auf das Antlitz in der Mitte. Es ist die unterdrückte Seite des Frevlers. Wer seine eigene Menschlichkeit unterdrückt, den verfolgt sie in der Nacht. Sie meldet sich in Albträumen zu Wort und fordert ihr Recht. Wir können uns nicht un-

gestraft über unser Wesen und unser Maß hinwegsetzen. Das Abgespaltene und Verdrängte wird sich in den Ängsten Gehör verschaffen.

Es ist für uns eine Überforderung, all das Verdrängte anzuschauen, ohne dass uns jemand dabei hilft. Das kann ein guter Freund sein, eine Ärztin oder ein Therapeut, eine Seelsorgerin, manchmal auch der Ehepartner – Menschen, die uns darauf hinweisen, dass alles in uns sein darf, sogar das Dunkle und Abgespaltene. Es ist nur wichtig, dass wir es ins Bewusstsein heben. Und es kommt darauf an, dass wir es Gott hinhalten. Gott ist letztlich der, der uns die innere Erlaubnis gibt, das Frevelhafte in uns anzuschauen. Denn Gottes Barmherzigkeit und Vergebung umschließen auch das und entmachten es. Nur im Licht der göttlichen Vergebung können wir es wagen, schonungslos in unser Herz zu schauen und anzuerkennen, was alles darin wohnt: nicht nur die Liebe zu Gott und den Menschen, sondern auch aggressive Impulse, oft genug sadistische und masochistische Gedanken, die Lust, andere zu zerstören, Größenphantasien und vieles andere mehr. Wenn wir Gottes Licht in das dunkle Herz des Frevelhaften leuchten lassen, hört die Angst auf, uns nachts zu quälen. Für uns Christen ist die Auferstehung Jesu das Ereignis, das uns die tiefste Angst nimmt. Denn sie zeigt uns, dass es keine Dunkelheit gibt, die nicht vom Licht des Auferstandenen erleuchtet wird, kein Grab, in dem nicht das Leben aufsteht, und keine Schuld, die nicht überwunden und vergeben ist.

Befrei mein Herz von der Angst

Befrei mein Herz von der Angst Ps 25,17

5

Ein Gesicht ist umgeben von einem dunklen Rechteck. Es kann nicht heraus. Und zwei Balken, die ein Dreieck bilden, engen es noch weiter ein. Es kann nicht atmen. Die Umrisse des Gesichtes sind auf den beiden Balken gerade noch zu erkennen. In der Mitte sehen wir vom Gesicht nur noch den dunklen Mund, ein dunkles Auge und ein Auge, das verdreht ist. Aber zwei weiße Streifen nehmen dem Bild das Bedrohliche. Mitten in der Enge gibt es offensichtlich Hoffnung auf Überwindung. Wieder ist es ein weißer Spalt, durch den das göttliche Licht eindringt und es dem Menschen in seiner Angst erlaubt, in dieser Welt zu leben, ohne sich aufzugeben. Es ist die Angst vor der Enge, die in diesem Bild zu uns spricht. Angst und Enge hängen, wie zu hören ist, schon vom Wort her zusammen. Enge ängstigt uns. Und umgekehrt macht die Angst das Herz eng. Das Gefühl, eingeengt zu sein, kann zusammen hängen mit der Erfahrung, durch den Geburtskanal zum Leben hinausgedrängt worden zu sein. Für manche Menschen ist dieses Trauma so groß, dass sie kaum mehr Enge vertragen. Sie bekommen Platzangst, wenn sie in geschlossenen oder kleinen Räumen sind. Es ist eine irrationale Phobie, die sich ihrer bemächtigt, gegen die sie mit ihren Überlegungen nicht ankommen. Und auch das Wissen um die Ursachen dieser Angst hilft nicht weiter.

Da ist es sinnvoll, mit dem Psalmisten zu bitten: „Befrei mein Herz von der Angst, führe mich heraus aus der Bedrängnis!" (Ps 25,17) Gott soll unser Herz von der Angst befreien. Der Psalmist ist überzeugt, dass seine Bitte nicht ins Leere geht, sondern dass Gott ihn hört und erhört. Heute fragen wir skeptisch, wie Gott uns denn von der Angst erlösen könne. Greift er ein, wenn wir ihn bitten? Wirkt er ein Wunder, damit wir auf einmal frei sind von der Angst? Indem wir uns in unserer Bedrängnis an Gott wenden, treten wir schon aus ihr heraus.
Der heilige Augustinus meinte einmal, wir bräuchten Gott nicht zu bitten, dass sein Reich kommen solle. Aber indem wir ihn darum bitten, wächst in uns die Sehnsucht nach dem Reich. Indem wir Gott anrufen und um unsere Befreiung bitten, wird Gott in uns wirksam, wird er wieder die eigentliche Wirklichkeit unseres Lebens. Unser Herz weitet sich. Und wenn Gott dann in uns aufsteht, verliert die Angst ihre Macht. Denn in einem weiten Herzen kann sie sich nicht mehr halten. Sie kann immer nur in der Enge hausen,

nie in der Weite. Die Bitte an Gott weitet unser Herz. Aber das ist kein psychologischer Trick, als ob wir uns selbst von der Angst befreien könnten. Wir vertrauen darauf, dass unser Beten Gott erreicht; dass durch unser Beten Gott selber wieder neu in den Mittelpunkt unseres Lebens tritt und uns von der Angst befreit.

Der Psalmist wendet sich mit allen Gefühlen an Gott. Er gibt sie vor Gott zu. Wir stoßen uns manchmal an den so wenig erbaulichen Gefühlen, die in den Psalmen zur Sprache kommen. Aber der Beter bleibt niemals stecken in seiner Angst oder in der Leidenschaft seines Zornes. Weil er sich Gott hinhält, wird er bereit, sich von ihm in Frage stellen und wandeln zu lassen. Wir wissen letztlich nicht, wie die Bitte „Befrei mein Herz von der Angst“ in uns wirkt. Aber dass sie wirkt, das können wir immer wieder erfahren, wenn wir mit der gleichen Ehrlichkeit und Leidenschaft wie der Psalmist diese Bitte nachsprechen. Dann geschieht in uns das Wunder der Wandlung. Unser Herz weitet sich und wird frei von dem, was es gefangen hielt und einengte. Für den heiligen Benedikt ist das weite Herz das Zeichen eines Menschen, der auf dem geistlichen Weg Gott immer mehr Raum gibt und von Gottes Geist durchdrungen wird. In einem solchen Herzen kann sich keine Angst mehr festsetzen.

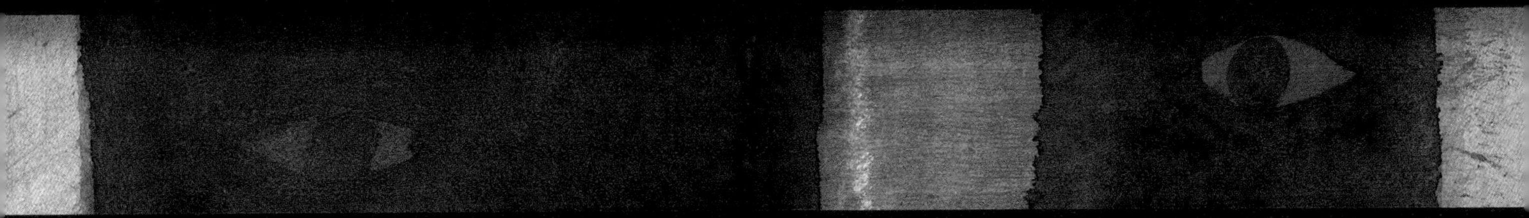

Die Ängste der Unterwelt hatten mich befallen

Die Ängste der Unterwelt hatten mich befallen Ps 116,3

Im Psalm 116 dankt ein frommer Beter, dass Gott ihn aus der Todesnot errettet habe: „Ja, du hast mein Leben dem Tode entrissen, mein Auge den Tränen, meinen Fuß dem Straucheln." (Ps 116,8) Fesseln des Todes hatten ihn schon umfangen und die Ängste der Unterwelt ihn befallen. Die Ängste der Unterwelt – damit ist nicht nur der Sog des Todes gemeint, der uns nach unten zieht. Mit Unterwelt sind jene Bereiche angesprochen, die sich unserem Bewusstsein entziehen, die aber dennoch einen großen Einfluss auf unser Erleben haben: uralte Erfahrungen der Menschheit, archetypische Bedrohungen, die sich seit Jahrtausenden in der Seele des Menschen eingenistet haben. Oft sind tatsächlich sie die Ursache unserer aktuellen Bedrängnis. Angst ist nicht immer nur eine persönliche Reaktion auf ein persönliches Erlebnis. Verschlungen oder vernichtet zu werden, zu verhungern oder zu kurz zu kommen – das sind solche Urängste, wie sie in vielen Mythen beschrieben werden. Weit verbreitet ist auch die Angst, getrennt zu werden von der Mutter, die Verlassenheitsangst, allein gelassen zu werden von Vater und Mutter. Gegen solche Wirkkräfte aus der Unterwelt ist ein Gespräch über Gefühle noch keine Hilfe. Sie sitzen so tief in meinem Unbewussten, dass alle Erklärungen und Deutungen sie nicht aufzulösen vermögen.

Der Beter hat erfahren, dass Gott ihn allen Ängsten entrissen hat. Wie das geschehen ist, das kann er sich selbst nicht mehr erklären. Es ist für ihn ein Wunder. Und so ist es auch für uns oft nicht zu verstehen, warum sich auf einmal diese Ängste der Unterwelt wieder auflösen. Ein intensives Gotteserlebnis gibt uns mitten in der Angst das Gefühl: Jetzt bin ich frei. Jetzt kann ich atmen. Ich habe einen Priester begleitet, der von vielen Ängsten verfolgt wurde. Bei einer Meditation – so erzählte er – habe er für ein paar Sekunden gespürt: Jetzt bin ich frei von der Angst. Das war für ihn eine intensive Erfahrung göttlicher Nähe. Sie hat eine Bresche geschlagen

in seine Enge. Die Angst kam natürlich auch nach diesem Erlebnis wieder. Aber sie hatte nicht mehr die ursprüngliche Macht. Die Erinnerung an diesen Moment hat sie relativiert.

Das Bild von Andreas Felger hält uns die Ängste der Unterwelt vor Augen. Das große Rechteck ist voller Dunkelheit. In ihr könnte man versinken. Es gibt nur drei Hoffnungsschimmer, die in dieses tödliche Stockdunkel

hineinreichen. Da ist ein kleines Rechteck, das heller gehalten ist und etwas Weiß widerspiegelt. In diesem kleinen Bereich – so geht es mir als Betrachter – hat die Angst ihre Macht verloren. Auf diesen kleinen Bereich kann ich mich inmitten der Bedrohung durch die Unterwelt zurückziehen. Und es gibt da zwei Augen, die in der Dunkelheit aufleuchten. Das eine Auge schimmert rot und verbreitet auch um sich herum Röte. Das kalte Schwarz wird auf einmal menschlicher und wärmer. Rechts ist ein gelbes Auge, das um sich herum die Farbe Gelb aufscheinen lässt und die Umgebung grün färbt. Das rote Auge ist das der Liebe, das gelbe Auge verweist auf Gott. Gottes Liebe und sein Geist reichen hinein in die Ängste der Unterwelt. Dadurch werden diese verwandelt. Wenn die Liebe eines Menschen oder die Liebe Gottes mich erreicht, dann hellt sich die Dunkelheit meiner Seele auf.

Die Kirchenväter haben Tod und Auferstehung Jesu so gedeutet, dass Jesus in seinem Tod hinabgestiegen ist in das Reich der Unterwelt, um all die Toten herauf zu führen ins Licht. Die Osterikonen der Ostkirche zeigen Christus, wie er die Toten an der Hand nimmt und mit sich zum Leben führt. Jesus steigt in seinem Tod auch in das Schattenreich meiner Seele. All die menschlichen Urnöte, die mich hier befallen, nimmt er an der Hand und führt sie aus mir heraus in sein Licht. In der Meditation von Tod und Auferstehung Jesu eröffnet sich uns die Möglichkeit, mit Christus hinabzusteigen in die Unterwelt unserer Seele. Wenn wir uns mit ihm in unsere Tiefe wagen, dann kann das Unbewusste uns nicht mehr überwältigen. Dann leuchtet dort, wo Christus mit uns ist, das göttliche Auge der Liebe und seines unsterblichen Geistes in uns auf und erleuchtet die innere Dunkelheit.

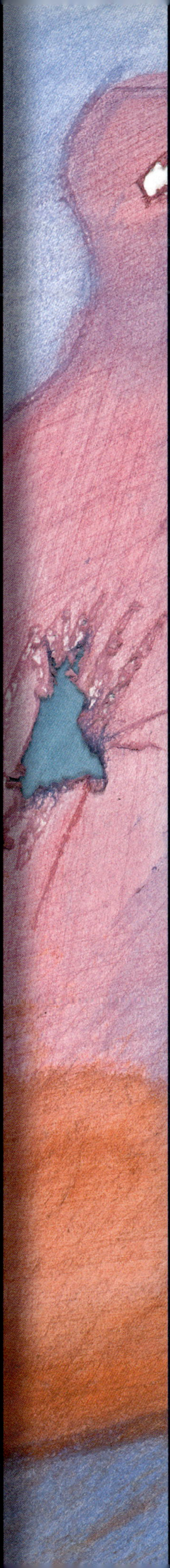

Blickt man auf die Erde:
siehe, da ist Angst

7

Blickt man auf die Erde: siehe, da ist Angst Jes 8,22

Da sitzt ein Mensch ohne Gliedmaßen. Er starrt hinaus in die Welt. An Stelle seines Herzens hat er nur ein großes Loch. Und die Welt um ihn herum ist von Rissen durchbrochen. Auf nichts mehr ist Verlaß, weder auf das eigene Herz, noch auf die Welt um einen herum. Der Mensch sitzt ganz starr da. Ein Riß geht durch sein Herz. Durch diesen Riß dringt die Angst in ihn ein. Manchmal haben wir das Gefühl, dass etwas sich in unserer Seele den Riß aussucht, durch das es eintreten kann. Wir erleben uns als ungeschützt. Es gibt in unserer Seele offensichtlich solche Spalten, durch die Ängste in uns einbrechen können. Wir können uns noch so sehr verschließen – die Spalten können wir nicht dicht machen. Diese innere Unsicherheit, dieses Aufgebrochensein für Gefühle, mit denen wir am liebsten nichts zu tun haben würden, ängstigt uns. Ich kenne Menschen, die einen selbstsicheren Eindruck machen. Sie fühlen sich stark. Aber auch sie haben eine Achillesferse, durch die der Pfeil feindlicher Menschen eindringen kann. In der Gegenwart bestimmter Menschen vermögen sie sich nicht zu schützen. Da dringt das negative Fluidum der andern in sie ein. Sie haben den Eindruck, dass sie nicht mehr Herr im eigenen Haus sind. Das macht ihnen Angst. Aber auch die Umgebungswelt ist durchbrochen, sie hat Ritzen. Es ist nicht die vertraute Welt, sondern die unbehauste, die bedrohliche, die Angst machende Welt, der wir uns heute gegenüber sehen. Schon der Prophet Jesaja hat die Welt so erlebt: „Blickt man auf die Erde, siehe: da ist Angst." (Jes 8,22) Sie ist um uns herum. Das Erdenleben ist heute bestimmt von der Angst vor Terroranschlägen, vor Krieg, vor Naturkatastrophen, vor Epidemien, vor bisher unbekannten Krankheiten, die ohne Vorwarnung heimtückisch ins Leben einbrechen. Und die Angst ist in uns. Sie hat sich in unserem Herzen eingenistet und lässt sich kaum mehr daraus vertreiben. Die Antwort, die der Prophet Jesaja auf das beängstigende Dunkel gibt, das die Welt einhüllt, ist die Verheißung, die wir in Jesus erfüllt sehen: „Das Volk, das im Dunkel lebt, sieht ein helles Licht; über denen, die im Land der Finsternis wohnen, strahlt ein Licht auf." (Jes 9,1) Diese Worte zitiert auch der Evangelist Matthäus, als Jesus sich anschickt, seine Frohe Botschaft vom Reich Gottes zu verkünden, das uns nahe ist. Worte, die in unser Herz fallen wie ein Licht, können das Bedrohliche in uns vertreiben. Worte, die tief genug in uns eindringen, vermögen die Angst aus uns zu

verscheuchen und uns mit Vertrauen zu erfüllen. So haben es die frühen Mönche praktiziert, wenn sie in ihre Nöte hinein immer wieder das Wort aus Psalm 118 aussprachen: „Der Herr ist mit mir; ich fürchte mich nicht. Was können Menschen mir antun!“ (Ps 118,6) Dieses Wort meditierend gelange ich zu dem Vertrauen, das auf dem Grund meines Herzens bereit liegt. Und dann hat die Angst keine Macht mehr über mich. Für Matthäus sind es vor allem die Worte Jesu „Das Himmelreich ist nahe“ (Mt 4,17), das uns vor der bedrohlichen Welt in Schutz nimmt.

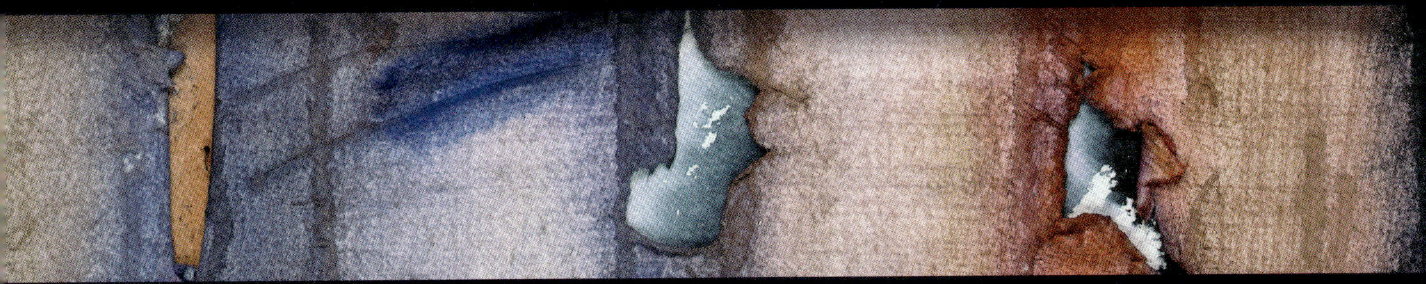

Angst hat uns ergriffen

Angst hat uns ergriffen Jer 6,24

8

Drei Gestalten. Die beiden äußeren greifen nach der in der Mitte. Jede Gestalt ist in sich zerrissen. Die rote Gestalt trägt eine Art Helm auf dem Kopf, hinter dem sie ihr Gesicht versteckt. Ihre Figur ist voller Zacken. Aggression und Zerstörung gehen von ihr aus. Der Prophet Jeremia beschreibt die Reaktion auf die Ankündigung eines Krieges, in dem ein großes Volk gegen Jerusalem zieht und grausam und erbarmungslos die Stadt verwüsten wird. „Kaum hörten wir diese Nachricht, da erschlafften uns die Hände, es packte uns die Angst, das Zittern wie eine Gebärende." (Jer 6,24) Es ist ein kriegerisches Wesen, das sich der Gestalt in der Mitte bemächtigt. Hinter ihm ist Dunkelheit. Der Krieg versetzt uns in Verzweiflung. Da ist kein Licht mehr am Horizont.

Die Gesichter der beiden greifenden Gestalten sind jeweils durch ein Kreuz gekennzeichnet. Die Kreuze stehen für das Leid, das nach uns greift. Es kann eine unheilbare Krankheit sein, das Scheitern der Ehe, ein Unfall, der uns aus der Bahn wirft, der Verlust lieber Menschen, die Sorge um die Kinder, die so ganz andere Wege gehen, als wir uns erhofft hatten. Alles, was unser Lebenskonzept durchkreuzt und unsere Pläne über den Haufen wirft, macht uns Angst. Die mittlere Gestalt ist gedrängt und in sich zusammen geschrumpft. Sie kann sich nicht entfalten. Von allen Seiten ist sie eingeschnürt, die Kehle wird ihr zudrückt. Sie ist gepackt von Entsetzen. Wie soll sie da heraus kommen?

Die Antwort des Propheten auf diesen erschreckenden Zustand lautet: „Bessert euer Verhalten und euer Tun, dann will ich bei euch wohnen hier an diesem Ort." (Jer 7,3) Was soll ich verbessern, wenn die Angst mich derart überkommt? Ich kann doch nichts dafür, dass die sie mich überfällt! Jeremia fordert uns auf, den Blick weg zu lenken. Ich kann die Angst nicht direkt angehen. Sie ist einfach da und sie hat ja auch ihre Berechtigung. Dass ich krank werde oder dass kriegerische Handlungen oder Terrorakte auch unser Land bedrohen, kann ich nicht von mir weisen und auch nicht beeinflussen. Ich kann nur bei mir selber anfangen, mich Gott hinhalten, mich ihm öffnen und darauf achten, dass meine Lebensgestaltung mit seinem Willen übereinstimmt. Dann darf ich vertrauen, dass Gott seine Hand über mich hält und der Angst den Zugriff auf mein Herz verweigert. Jeremia verweist auf das, was uns möglich ist. Wenn wir tun, was in unserer Hand

liegt, angesichts der Angst, da verwehren wir uns ihres Übergriffs. Zwar wird sie immer wieder einmal nach uns packen, aber fest im Griff hat sie uns nicht mehr. Wo vorher ihr Greifarme waren, hält jetzt Gott seine liebende Hand schützend über uns.

Ich ließ
Angst und Schrecken
auf sie fallen

Ich ließ Angst und Schrecken auf sie fallen Jer 15,8

9

Für die beiden Gesichter, die Andreas Felger schwarz-gelb und rot-grün gemalt hat, könnte gelten, was der Prophet Jeremia den Menschen in Jerusalem androht: „Ich brachte über die Mütter am hellen Mittag den Verwüster, ließ jählings auf sie fallen Angst und Schrecken." (Jer 15,8) Die Mutter, die ein Kind gebiert, ist Zeichen der Hoffnung. Doch nun kehrt sich dieses Hoffnungszeichen um: „Die Mutter, die sieben Söhne gebar, welkte dahin, verhauchte ihr Leben." (Jer 15,9) Beide Gesichter sind von Angst gezeichnet. Bei dem linken Gesicht ist die eine Hälfte ganz schwarz. Und das Schwarz schaut bedrohend auf das helle Gelb. Das Dunkel scheint sich immer breiter zu machen in diesem Menschen. Das Gesicht ist in sich gespalten, in eine helle Seite und eine dunkle. Diese Spaltung macht Angst: „verrückt" zu empfinden, nicht mehr klar denken zu können, in sich gespalten zu sein. Schizophrenie ist der klassische Ausdruck für diese Krankheit. Doch es muss nicht die klassische Schizophrenie sein, die uns innerlich spaltet. Wir erleben uns gespalten, wenn die eine Seite uns hierhin zieht und die andere dorthin, wenn die eine sich freuen möchte und die andere voller Trauer ist, wenn die eine Seite das Gute möchte und die andere das Gegenteil tut. Wir bringen die beiden Seiten in uns nicht zusammen. Sie zerreißen uns.

Das zweite Gesicht beugt sich nach unten. Es lässt sich runter ziehen. Das ist der typische Ausdruck der Depression. Der Mensch wendet sich vom andern ab, fühlt sich unfähig, Beziehung aufzunehmen. Depressive Menschen haben Angst, dem Leben nicht mehr gewachsen zu sein, nicht mehr tragen zu können, was man von ihnen erwartet. Alles wird ihnen zur Last. Oft haben sie zu hohe Ansprüche an sich selbst und fürchten, denen nicht mehr gerecht zu werden. Die Depression ist dann ein Hilfeschrei der Seele gegen die zu großen Erwartungen der Umwelt oder gegen die Illusionen von einem perfekten Menschen, mit denen sie sich selbst überfordern.

Den Weg aus dieser Angst heraus deutet Jeremia an, wenn er im gleichen Kapitel schreibt: „Mögen sie dich bekämpfen, sie werden dich nicht bezwingen; denn ich bin mit dir, um dir zu helfen und dich zu retten." (Jer 15,20) Alles, was uns bekämpft – die Menschen, die uns Lasten aufbürden, die eigenen Lebensmuster, die uns zerreißen, die innere Spaltungstendenz – all das kann uns

nicht bezwingen, wenn wir die Zusage Gottes ernst nehmen, dass er mit uns ist, um uns zu helfen und uns zu retten. Er rettet uns vom Untergang. Er bewahrt uns vor Spaltung und vor dem Niedergebeugtwerden. Was wir tun können, um aus unserer Angst heraus zu kommen, ist, dieser Verheißung zu trauen und von ihr her zu leben. Viele sagen mir: „Das klingt schön. Aber es hilft mir nicht. Ich höre die Worte, aber sie bewirken nichts in mir. Meine Erfahrung ist anders." Ich antworte dann immer: „Nimm einfach einmal die Worte, als ob sie stimmen würden. Die Zweifel an den Worten kannst du dir für morgen aufsparen. Aber heute lebe einfach einmal, als ob diese Worte die Wahrheit sind." Wenn ich mit dem Wort einen Tag lang lebe und es so nehme, wie es ist: „Ich bin mit dir, um dir zu helfen", dann werde ich etwas anderes erleben als die alte Angst. Auch wenn sie da ist – sie wird mich nicht mehr zerreißen oder nieder beugen. Die heilende und liebende Nähe Gottes ist stärker für mich als die bedrängende Nähe der Angst.

Angst und Wehen
ergreifen es
wie eine Gebärende

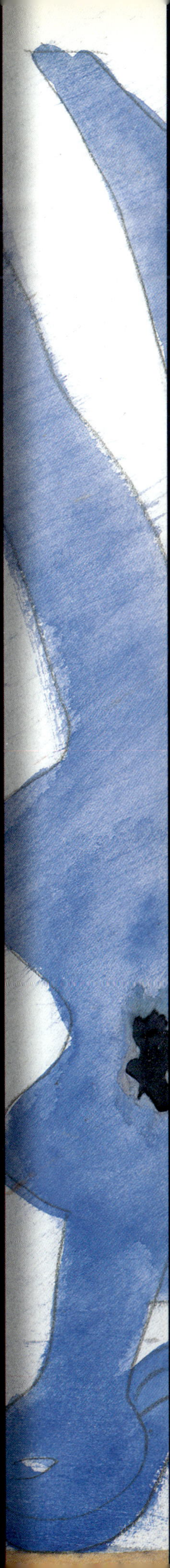

Angst und Wehen
ergreifen es wie eine Gebärende Jer 49,24

10

Wir tun uns schwer mit den vielen Drohpredigten, die der Prophet Jeremia gegen die Völker hält. Sie erinnern uns an die Drohbotschaft, die uns manchmal verkündet wird anstelle der Frohen Botschaft, die Jesus uns bringen wollte. Doch die Jeremias Reden stehen in der Bibel. Wir können sie nicht einfach ausblenden. Sie halten uns vor Augen, was mit uns geschehen könnte, wenn wir uns von Gott abwenden, wenn wir uns über unser eigenes Wesen hinweg setzen und einfach nach Lust und Laune leben würden. Unser Leben würde dann durcheinander geraten.
In der Drohrede auf die berühmte Stadt Damaskus, die eigentlich eine Burg der Freude ist, steht das erschreckende Wort: „Damaskus wird schwach, es wendet sich zur Flucht, Schrecken erfasst es, Angst und Wehen ergreifen es wie eine Gebärende." (Jer 49,24)

Wohin es führt, wenn wir nach eigenem, gottlosen Gutdünken leben, zeigt – in meinen Augen – Andreas Felger mit den beiden blauen Gestalten. Die stehende Gestalt könnte ein Mann sein. Sie hat in sich einen Riß, der voller Blut ist. Er hält etwas vor sich hin, es sieht wie ein Schild aus. Daneben steht eine Frau auf dem Kopf. Es ist aber kein Kopfstand, den sie übt, um sich zu sammeln. Vielmehr scheint es ein Fallen nach unten zu sein. Sie ist hilflos. Ein schwarzer Fleck zeigt sich in ihr, als sei ihr Herz eine dunkle Stelle. Mann und Frau sind ohne Beziehung zu einander. Der Schild steht zwischen ihnen. Sie können einander nicht anschauen, eine Begegnung ist nicht möglich. Das Auge des Mannes starrt nur auf die Beine der Frau, die Frau nur auf den Schild. Beide haben ihre Würde verloren. So können sie auch einander nicht achten. Ich sehe darin Beziehungslosigkeit. Viele Männer und Frauen befürchten, nie den richtigen Partner zu finden. Und wenn sie einander gefunden haben, tauchen Ängste auf: Was, wenn die Ehe scheitert? Der andere könnte einen verletzen oder gar verlassen! Und wenn die Liebe zerrinnt? Wenn am Ende nur noch Leere übrig bleibt? Dann fühlt man sich wie die Frau auf dem Bild: zu Boden gedrückt, auf den Kopf gestellt, hilflos, bloßgestellt, weggeworfen; oder wie der Mann mit dem blutenden Herzen.

Es ist kein Weg aus der Beziehungslosigkeit dargestellt in diesem Bild, vielmehr scheint es uns aufzufordern diesen Zustand erst einmal auszuhalten. Auch meine Beziehungen können so durcheinander geraten, dass kein Miteinander mehr möglich ist. Wie gehe ich

dann damit um? Ich kann versuchen, die Beziehung zu retten, indem ich sie anspreche. Ein anderer Weg ist, dass ich mich von der Angst vor dem Scheitern in den Raum führen lasse, in dem ich nicht zerbrechen kann: in den inneren Raum der Stille, in dem Gott in mir wohnt. Wenn ich mit Gott in mir in Berührung komme, dann definiere ich mich nicht mehr von andern Menschen her, auch nicht von der Freundschaft oder von der Ehe, sondern allein von Gott her. Die Angst vor dem Alleingelassenwerden drängt mich, den festen Grund zu suchen, auf dem ich mein Haus bauen kann wie auf einen Felsen. In der Bergpredigt ist dieser stabile Grund Christus selbst. Wenn mein Lebenshaus auf ihn gebaut ist, dann können die Wassermassen kommen. Sie werden das Haus nicht zum Einsturz bringen.

Da befiel den König Belschazzar
große Angst

Da befiel den König Belschazzar große Angst

Dan 5,9

11

König Belschazzar hielt ein großes Gastmahl ab. Als er zuviel getrunken hatte, ließ er in seinem Übermut die goldenen und silbernen Gefäße holen, die sein Vater Nebukadnezzar aus dem Tempel in Jerusalem mitgenommen hatte. Und alle tranken daraus. Doch dann erschienen auf einmal „die Finger einer Menschenhand und schrieben gegenüber dem Leuchter etwas auf die weißgetünchte Wand des königlichen Palastes." (Dan 5,5)
Der König erbleichte „und seine Gedanken erschreckten ihn. Seine Glieder wurden schwach, und ihm schlotterten die Knie." (Dan 5,6) Der mächtige König bekommt auf einmal Angst. Er hat gedacht, er könne sich alles erlauben. Doch Gott tritt in sein Leben in den Fingern einer Menschenhand, die ihm Unheil verkünden. Er spürt: nicht er ist der Herr über die Welt. Gott hat das Urteil über ihn gesprochen und ihn auf der Waage zu leicht befunden. So sind die Tage seiner Herrschaft gezählt und sein Reich wird geteilt.

Der runde schwarze Kreis ist ein Bild für die Königsherrschaft. Im Mittelalter wird das Reich oft als Kugel dargestellt. Der Kreis hat die Bedeutung des Vollkommenen, Abgerundeten, des Ganzen. Er ist aber voller Risse. Was wir glauben beherrschen zu können, das ist brüchig. Es entgleitet uns. Wir haben es nicht im Griff. Ist hier die Angst der Mächtigen ausgedrückt? Viele Tyrannen in der Menschheitsgeschichte haben eine Schreckensherrschaft errichtet. Sie ließen ihre Rivalen ermorden und unterjochten das Volk durch die Angst, dass jeder, der sich auflehnte, dies mit dem Leben bezahlen würde. Menschen, die voller Angst sind, verbreiten um sich herum Angst. Sie müssen andern Angst machen, um ihre Herrschaft zu stabilisieren. Diese Taktik ist ein erprobtes Machtinstrument. Denn Angst knechtet die Menschen und macht sie gefügig. Sie lähmt ihre Widerstandskraft. Doch wer andere auf solche Weise zu beherrschen sucht, wird selbst in der Nacht genau davon heimgesucht. Seine Herrschaft ist brüchig. Das so sicher scheinende Reich kann über Nacht zerfallen. Dann steht man mit leeren Händen da. Wir brauchen dabei nicht nur an Tyrannen zu denken. Jeder von uns kennt das Bestreben, sich abzusichern, sich gegen alles und jedes zu versichern. Die Versicherungen verdienen gut daran. Doch alles Absichern hilft uns nicht weiter. Unser Leben können wir nicht versichern. Und das, was wir aufgebaut haben, können wir nicht für immer in Händen halten. Es wird uns genommen werden.

Die Angst vor dem Zerbrechen unseres Lebens und unseres Lebenswerkes lässt sich nicht durch Versicherungen beruhigen. Wir müssen uns eingestehen, dass wir unser Leben und unser Werk loslassen müssen! Was wir angehäuft haben, können wir nicht mit ins Grab nehmen. Besitz zu haben ist eigentlich etwas Beruhigendes. Ich kann sorglos in die Zukunft schauen. Doch Menschen, die sich von ihrem Besitz her definieren und ihr geringes Selbstwertgefühl dahinter verstecken, leben ständig in der Angst, dass ihnen all das genommen werden könnte. Denn dann würde ihr kleines Ego bloßgestellt. Sie könnten ihre Maske nicht mehr vor sich hinhalten. Kein weiteres Anhäufen oder Absichern von Besitz beruhigt, sondern allein die Suche nach meinen wahren Reichtum in Jesus. Jesus verheißt uns, dass der Schatz, den wir durch ihn im Himmel haben, von Motten nicht zerfressen werden kann. Er ist die kostbare Perle, die niemand uns rauben kann, und macht in unserm Innern das wahre Selbst lebendig, das ursprüngliche Bild, das Gott sich von uns gemacht und zu dem er uns geschaffen hat. Dieser innere Reichtum befreit uns von der Angst um den äußeren Besitz und um das, was wir in dieser Welt aufgebaut haben.

Rette mich, o Gott!
Das Wasser geht mir bis an die Kehle

Rette mich, o Gott!

12

Das Wasser geht mir bis an die Kehle Ps 69,2

Im Schlamm zu versinken, keinen festen Grund unter den Füßen zu haben – das ist eine Urangst, die wir alle kennen. Der Psalmist beschreibt sie in eindrucksvollen Bildern: „Ich versinke im Schlamm des Abgrunds, es gibt keinen Halt mehr. Ich bin in Wassertiefen geraten, die Flut schlägt über mir zusammen. Erschöpft bin ich vom Rufen, es brennt mir die Kehle. Meine Augen ermatten, so lange schon harre ich meines Gottes." (Ps 69,3f) Manchmal erleben wir unser Dasein wie einen Sog. Alles zieht uns nach unten. Die Schulden häufen sich. Wir haben keinen sicheren Grund mehr, auf dem wir bauen können. Oder die Gesundheit geht uns verloren. Manchmal kommt sogar alles auf einmal zusammen: Der Mann wird arbeitslos, die Frau erkrankt unheilbar, der Sohn steckt in einer Krise, die Tochter leidet an Magersucht. Dann geht es uns so wie dem Psalmisten: Alles stürzt über uns zusammen. Immer tiefer geraten wir in den Schlamm des Abgrunds. Das Wasser reicht uns bis zur Kehle und wir glauben jeden Augenblick zu ertrinken.

Andreas Felger malt ein beinahe idyllisches Bild: Eine Frau sitzt bequem zurückgelehnt in einem Segelboot. Über ihr weht ein Segel in freundlichen Farben. Hinter ihr aber: eine dunkle Gestalt. Ist das der Tod? Die scheinbar erholsame Seefahrt kann auf einmal vom Tod bedroht werden. Durch einen Leck kann Wasser ins Boot dringen und es mit in die Tiefe reißen. Die bunten Segel, die auf eine fröhliche Fahrt hinweisen und so freundlich über der Frau flattern, bieten keine Sicherheit. Von der dunklen Seite her erscheint auf einmal alles als unsicher und brüchig. Ich kenne Menschen, die das Schöne in ihrem Leben nicht genießen können, weil sie meinen, es müsste ja doch wieder etwas Schlimmes kommen. Es könnte doch nicht immer gut gehen. Weil sie den Augenblick festhalten wollen, können sie sich nicht an ihm erfreuen. Wenn ich jedoch dankbar bin für das, was Gott mir gerade heute schenkt, dann kann ich es ohne ängstliches Festhalten ganz auskosten.

Der Psalmist weiß von der Überwindung der Angst im Gebet. Er wendet sich an Gott: „Ich aber, ich bete zu dir, Herr, zur Zeit der Gnade... Entreiß mich dem Sumpf, damit ich nicht versinke..., den Tiefen des Wassers, damit die Wasserflut nicht über mir zusammenschlägt, der Abgrund mich nicht verschlingt, damit nicht der Schacht über mir

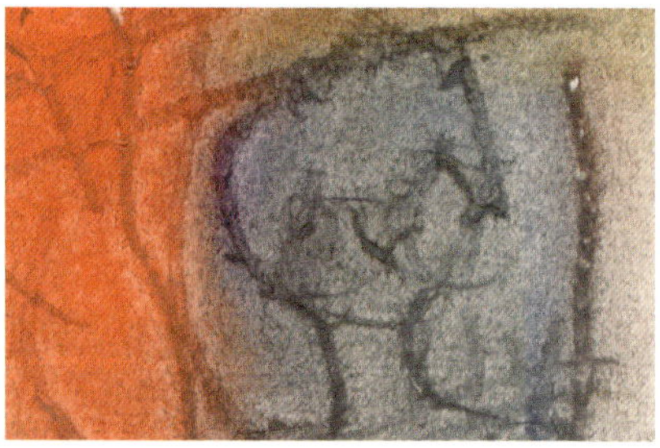

seinen Schlund schließt." (Ps 69, 14–16) Im Gebet danken wir Gott für das, was er uns gerade schenkt. Wir bitten ihn, dass er uns vor dem Untergang bewahren möge. Und wenn wir im Sumpf stecken und zu versinken drohen, flehen wir ihn an, dass er uns der Gefahr entreißen möge. In allen Situationen wenden wir uns an Gott. In Augenblicken des Glücks danken wir Gott dafür. Das befreit uns von der Angst, das Schöne sofort wieder zu verlieren. Wenn das Wasser uns bis zum Hals geht, schreien wir das zu Gott hinaus. Das Bedrohliche weicht und verwandelt sich langsam in Vertrauen auf den Gott, der uns vor dem Versinken bewahrt. Beten wir lange genug in unserer Angst zu Gott wird sich unser Inneres beruhigen.

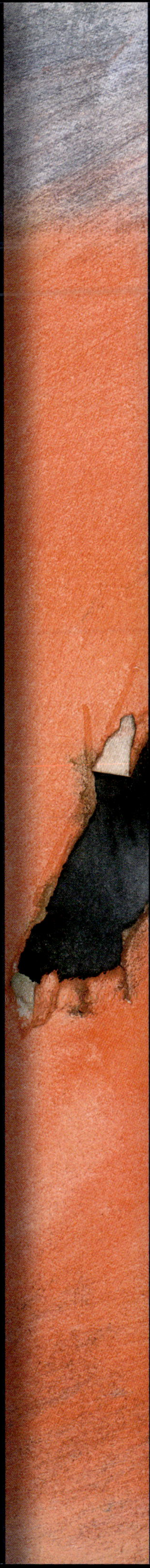

Ich habe Angst,
ich könnte sterben

Ich habe Angst, ich könnte sterben Tob 6,15

13

Der Engel, der Tobias auf seinem Weg begleitet, erzählt ihm von Sara, der Tochter Raguels, um deren Hand er anhalten soll. Doch Tobias antwortet seinem Begleiter, er habe gehört, dass ein Dämon Sara liebe und alle umbringe, die ihr nahe kommen. „Darum habe ich Angst, dass ich sterben muss und dass ich dann meinen Vater und meine Mutter aus Kummer um mich ins Grab bringe." (Tob 6,15) Es ist verständlich, dass Tobias befürchtet, genauso zu sterben wie alle Freier vor ihm. Todesangst begleitet uns immer auf unserem Weg. Vor allem, wenn wir vom Tod junger Menschen hören, erfasst sie uns. Wir fahren auf der Autobahn an einem schweren Unfall vorbei und werden daran erinnert, dass es uns genauso treffen könnte. Wir hören von einem gesunden jungen Mann, der immer viel Sport getrieben hat und dann doch plötzlich tot umgefallen ist. Sofort fragen wir uns: könnte uns das nicht auch passieren?

Das Bild zeigt einen roten Fleck, aufgebrochen von einem schwarzen Riss. Es könnte ein menschliches Herz darstellen. Eines, das nicht in sich ruht. Es ist zerrissen. Ein Herzinfarkt kann es von einem Augenblick zum andern zum Stillstand bringen. Der schwarze Riss kann aber auch noch etwas anderes bedeuten. Aus der Fülle des Lebens, die in dem Rot ausgedrückt ist, klafft uns die Angst vor dem Tod entgegen. Den jungen Tobias hat gerade dort, wo es um Liebe geht, die Angst vor dem Tod erfasst. Mitten in der schönsten Liebe steigt sie auf: die Angst, den andern zu verlieren oder selbst die Liebe nicht genießen zu dürfen, weil der Tod uns hinwegrafft. Dass wir den andern nicht besitzen können, er uns jeden Augenblick entrissen werden kann und wir ihm, das zeigt uns die Todesangst.

Im Buch Tobit weiß der Engel Raphael einen Ausweg. Er leitet Tobias an, etwas vom Herzen und von der Leber eines Fisches in ein Räucherbecken zu legen. Davon würde der Dämon des Todes vertrieben. Verbrennen steht für Läuterung. Gold wird im Feuer geläutert. Das Herz, Sitz unserer Liebe, muss verbrannt werden, damit unsere Liebe gereinigt wird von allen Besitzansprüchen, die wir oft mit unserer Liebe verbinden. Die geliebte Person ist nicht unser Besitz, über den wir verfügen können. Wenn wir sie loslassen, dann können wir sie lieben ohne die ständige Angst, sie wieder zu verlieren. Die Leber verweist uns auf die Größenphantasien, die wir oft haben, sowohl von uns selbst als auch

vom Geliebten. Prometheus, der typischer Macher, der meinte, alles so machen zu können, wie er es sich vorstellte, wurde als Strafe an einen Felsen im Kaukasus gefesselt. Täglich kam ein Adler, um von seiner Leber zu fressen, die immer wieder nachwuchs. Wenn wir meinen, alles sei machbar, die Liebe, das Leben, die Beziehung zum Freund und zur Freundin, dann verfolgt uns die Angst, der Tod könnte uns einen Strich durch die Rechnung machen. Es gilt, die Leber verbrennen, um frei zu werden von unseren Größenphantasien, um uns als sterbliche Menschen anzunehmen und uns und die Partnerin oder den Partner realistisch einzuschätzen. Die Todesangst wird nicht überwunden, indem wir den Tod verdrängen. Im Gegenteil: Der heilige Benedikt mahnt uns Mönche, uns täglich den Tod vor Augen zu halten. Gerade das befreit uns. Ein Mönchsvater in der ägyptischen Wüste wurde einmal gefragt, warum er nie Angst habe. Er antwortete: weil er sich täglich den Tod vor Augen halte. Uns in aller Demut als Menschen anzunehmen, die täglich sterben können, das nimmt uns die Todesangst, die sich tief in unser Herz eingenistet hat.

Hab keine Angst

Hab keine Angst Sir 19,10

14

Das Buch Jesus Sirach hat die Weisheit Israels mit der Weisheit der griechischen Philosophie verbunden und gibt sie an die Menschen weiter, damit ihr Leben gelingt. Ein wichtiges Thema der griechischen Bildung war die Freundschaft. Immer wieder singen griechische Philosophen das Lob der Freundschaft. Entscheidend dafür, dass Freunde einen gemeinsamen Weg gehen können, sind Vertrauen und Verschwiegenheit. Wer das, was ihm der Freund anvertraut, ausposaunt, der zerstört jedes Vertrauen und damit auch die Freundschaft. In diesem Zusammenhang steht der Vers: „Hast du etwas gehört, so sterbe es in dir; hab keine Angst, es wird dich nicht zerreißen." (Sir 19,10) Manche können kein Geheimnis für sich behalten. Sie fürchten, es könne sie innerlich zerreißen. Sie müssen es unbedingt loswerden. Das Wort – so sagt Jesus Sirach – steckt im Leib des Toren, wie ein Pfeil im Schenkel sitzt. (Sir 19,12) Es muss unbedingt hinaus. Doch damit verletzt er andere nur.

Das gelbe Kreuz mit dem weißen Kreis in der Mitte ist Symbol für die Freiheit, die Christus uns geschenkt hat. Das Kreuz steht für den Tod und zugleich für seine Überwindung. Als Antwort auf den Vers aus dem Buch Jesus Sirach bedeutet das Kreuz für mich aber noch etwas anderes. Am Kreuz stirbt die Sünde. Jesus hat von seinen Gegnern Schmähung und Verleumdung erfahren. Er hat hasserfüllte Worte vernommen. In seinem Tod sind all diese Worte in ihm gestorben. Der 1. Petrusbrief drückt es so aus: „Er wurde geschmäht, schmähte aber nicht; er litt, drohte aber nicht, sondern überließ seine Sache dem gerechten Richter." (1 Petr 2,23) Wir meinen oft, wir müssten all die negativen Worte weiter sagen, mit denen uns ein anderer Mensch verletzt hat. Wir müssten unbedingt über unsere Verletzungen sprechen oder es dem andern heimzahlen. Das Kreuz nimmt uns die Angst, dass uns verletzende Worte auf Dauer innerlich kaputt machen könnten. Es lädt uns ein, die kränkenden Worte in uns sterben zu lassen. Dann verlieren sie ihre zerstörerische Macht. Ich kenne Menschen, die ständig in Angst leben, von andern verletzt zu werden. Vor lauter Empfindlichkeit wagen sie es nicht, sich auf andere Menschen einzulassen. Sagt jemand etwas Kritisches zu ihnen, fühlen sie sich innerlich wie aufgelöst.

Das gelbe Kreuz weist hin auf das Denken. Wir sind nicht einfach den Kränkungen von

außen ausgesetzt. Wir können darüber reflektieren und überlegt reagieren. Wir können die kränkenden Worte beim andern lassen. Wenn wir uns bewusst machen, dass nur verletzte Menschen uns verletzen, und wir beginnen, über deren Wunden nachzudenken, verlieren ihre Worte das Kränkende. Der weiße Kreis auf dem Kreuz ist Bild für das Abgerundete und Ganze in uns. Hier vermögen die verwundenden Worte anderer nicht einzudringen. Das Kreuz als Symbol für die Einheit aller Gegensätze verweist uns auf diesen göttlichen Kreis in uns, in dem wir sicher bewahrt sind. Wenn wir daran glauben, verblassen die verletzenden, kränkenden, entwertenden und beschuldigenden Worte anderer. Das Kreuz ist auch ein Schutzzeichen. Die frühen Christen haben sich damit versiegelt. Ein Siegel konnte man nicht aufbrechen. So schützten sie sich vor allen verletzenden Worten, die sie von außen trafen. Wenn wir uns mit dem Kreuz bezeichnen, drücken wir unseren Glauben aus, dass Christi Liebe auch uns schützt vor kränkenden Worten.

Er hat mich
all meinen Ängsten
entrissen

Er hat mich all meinen Ängsten entrissen Ps 34,5

15

Im Psalm 34 dankt David Gott dafür, dass er ihn aus all seinen Nöten errettet hat. Und er fordert andere auf, gemeinsam mit ihm Gott zu preisen. Denn er hat allen Grund, Gott zu loben: „Ich suchte den Herrn, und er erhörte mich, er hat mich all meinen Ängsten entrissen." (Ps 34,5) Er ist überzeugt, dass der Engel des Herrn die umschirmt, die ihn fürchten, und dass er sie befreit von allem, was sie belastet. David hatte viel Schlimmes erleiden müssen: Saul hatte ihm nach dem Leben getrachtet. Ständig musste er auf der Flucht vor ihm sein. Aber mitten in seinen Verfolgungen durfte er die Erfahrung machen, dass Gott ihn beschützt. Gott hat seinen Engel zu ihm gesandt. Und Gott hat ihn all seinen Ängsten entrissen. Und so ist er auch für seinen weiteren Weg davon überzeugt: „Viel Böses muss der Gerechte leiden, doch aus allem wird der Herr ihn entreißen. Er behütet all seine Glieder, nicht eins von ihnen wird zerbrochen." (Ps 34,20f)

Die Menschen leiden auch heute an der Angst, dass andere ihnen nach dem Leben trachten, dass sie ihnen übel wollen. In der Arbeit fühlen sich viele gemobbt. Sie befürchten, dass Kollegen sie kontrollieren, um ihnen Fehler nachweisen zu können. Dann gäbe es einen Grund, sie zu entlassen. Manche haben den Eindruck, die Nachbarn würden schlecht über sie reden. Sie könnten dann ins Gerede kommen. Ihr Ruf wäre für immer ruiniert. Andere fühlen sich allein gelassen. Sie glauben, alles habe sich gegen sie verschworen. Die Banken würden ihnen keinen Kredit mehr geben. Die Konkurrenten hätten sich auf sie eingeschossen und machten ihnen das Leben schwer. Solche Ängste sind oft genug ausgelöst durch reale Erfahrungen von Verfolgung und Feindseligkeit. Sie können sich aber auch ins Krankhafte steigern. Da hat eine Frau Angst, jemand würde ihre Gedanken kontrollieren. Eine andere fühlt sich verfolgt von negativen Kräften, die ihr aus der Nachbarschaft entgegen strömen. Ein junger Mann glaubt, dass eine Sekte sogar seinen Urin beeinflussen könne. So etwas ist irrationale Angst, Ausdruck von Verfolgungswahn, einer psychotischen Erkrankung.

Andreas Felger malt gerne einen weißen Spalt, um auszudrücken, dass Gott einbricht in unser Leben. Dort, wo sich der Spalt öffnet, verliert sich das Dunkle und Bedrohliche. Dort haben die Verfolger keinen Zutritt. Aber nicht nur Gott tritt durch den Spalt in unser

Leben ein. Es ist auch der Spalt, durch den wir in Gott hinein treten. Wenn wir uns wie David an Gott wenden, wird unser Leben verwandelt. Der schwarze Strich vermag den weißen Spalt nicht zu verdecken. Er wird in seine Schranken gewiesen. Und auf der linken Seite wird das Bild freundlich und hell. Wo wir im Gebet in Gottes lichte Welt eintreten, wird auch unser Leben verwandelt. Wo wir auf Gottes Stimme hören, bekommen wir Lust am Leben. (Vgl. Ps 34,12f) Die Freude an dem, was uns Gott schenkt, wird durch keine Angst vor Verfolgung und Anfeindung getrübt. Wer im Gebet zu Gott schreit, den hört der Herr und entreißt ihn all seinen Nöten. (Ps 34,18)

Ungeahnte Ängste überfielen sie

Ungeahnte Ängste überfielen sie Weis 18,17

16

Im Buch der Weisheit schildert der Autor den Auszug Israels aus Ägypten. „Als tiefes Schweigen das All umfing und die Nacht bis zur Mitte gelangt war, da sprang dein allmächtiges Wort vom Himmel, vom königlichen Thron herab als harter Krieger mitten in das dem Verderben geweihte Land." (Weis 18,14) Dieses Wort wird in der Weihnachtsliturgie auf die Menschwerdung des göttlichen Wortes in Jesus Christus verwandt. Im tiefsten Schweigen wird Gott Mensch. Doch im Zusammenhang mit dem Auszug aus Ägypten hat dieser Vers auch etwas Grausames. Denn der königliche Krieger erfüllt die Ägypter mit Tod. Er vernichtet ihre Erstgeburt. Die Reaktion der Ägypter schildert der Autor: „Plötzlich schreckten sie furchtbare Traumgesichte auf, und ungeahnte Ängste überfielen sie. Einer stürzte hier, ein anderer dort halbtot zu Boden und bekannte, aus welchem Grund er sterben musste." (Weis 18,17f) Wenn Gott auf die Erde kommt, entsteht nicht nur Licht und Hoffnung, sondern auch Angst und Schrecken. Bei denen, die sich Gott gegenüber verschließen, wirkt sein Kommen wie ein Gericht. Das Buch der Weisheit versucht, die Geschichte Israels auf dem Hintergrund griechischer Philosophie neu zu deuten. Lukas, der die Botschaft Jesu für die gebildeten Griechen übersetzt, greift diese richtende Wirkung des Kommens Gottes auf, wenn er den greisen Simeon angesichts des göttlichen Kindes in seinen Armen sagen lässt: „Dieser ist dazu bestimmt, dass in Israel viele durch ihn zu Fall kommen und viele aufgerichtet werden." (Lk 2,34)

Wenn ungeahnte Ängste uns überfallen, dann geschieht bei uns dasselbe wie bei den Ägyptern: Der eine stürzt hierhin, der andere dorthin. Andreas Felger stellt auf drastische Weise dar, wie da die Menschen übereinander fallen. Ein heilloses Durcheinander entsteht. Keiner weiß mehr, wo oben und unten ist. Den Gestalten fehlen die Arme. Sie können sich nicht festhalten und fallen einfach aufeinander. Unten am Boden liegt eine dunkle Gestalt. Die anderen trampeln auf ihr herum, die roten mit ihren Füßen, die gelbe mit ihrem Kopf. Man kann auch mit Worten auf einen Menschen treten und ihn platt walzen. Die Gestalt in der Mitte schwebt und fällt durch den Raum. Sie hat gar keinen Platz auf dem Koordinatensystem, das auf der rechten Bildseite in den blauen Stufen angedeutet ist. Wenn Ängste in uns eindringen, dann geraten wir aus den Fugen. Dann

stimmt nichts mehr zusammen. Wir werden orientierungslos, kopflos, armlos.

Es ist nicht angenehm, das Bild von Andreas Felger zu betrachten. Es löst in uns Angst aus. Woran sollen wir uns noch halten? Ist unsere Welt schon so aus dem Lot geraten? Ist mein Inneres so durcheinander? Oder bin ich gar der, auf dem herumgetrampelt wird? Andreas Felger fordert uns mit seinem Bild auf, die „ungeahnten Ängste" in uns anzuschauen und ihnen Stand zu halten. Der greise Simeon im Evangelium des Lukas sagt von Jesus: „Er wird ein Zeichen sein, dem widersprochen wird. Dadurch sollen die Gedanken vieler Menschen offenbar werden." (Lk 2,34f) Die Begegnung mit dem Gott, der sich uns in Jesus Christus geoffenbart hat, ist nicht immer nur angenehm. Sie lässt unsere Gedanken offenbar werden. Aber nur was sich offen zeigt, kann von Gottes Licht durchdrungen werden. Wenn wir Jesus begegnen, dann gilt: „Nichts ist verhüllt, was nicht enthüllt wird, und nichts ist verborgen, was nicht bekannt wird." (Lk 12,2) Jesus enthüllt unsere Gedanken, damit sein Heil in die verborgenen Abgründe unserer Seele eindringt und uns dort in der Tiefe unseres Unbewußten von unserer Angst befreit.

In der Welt habt ihr Angst

In der Welt habt ihr Angst Joh 16,33

17

Die Abschiedsreden Jesu sind voller Intimität. Aus seinen Worten hören wir Jesu Liebe zu den Jüngern und zu uns heraus. Angesichts seines bevorstehenden gewaltsamen Todes spricht er ihnen nochmals Worte der Liebe zu, herzliche Worte, die die Jünger aufrichten und ihnen seine Liebe versichern, die auch durch den Tod nicht aufgehoben wird. Jesus beschließt seine Abschiedsreden mit den Worten: „Dies habe ich zu euch gesagt, damit ihr in mir Frieden habt. In der Welt habt ihr Angst; aber habt Mut: Ich habe die Welt besiegt." (Joh 16,33) Jesus geht in seinem Tod zum Vater. Wir aber bleiben weiterhin in der Welt. Und dort wird die Angst uns prägen. Wir brauchen uns also nicht zu verurteilen, wenn wir trotz unseres Glaubens Angst haben. Sie gehört zu unserem Sein in dieser Welt dazu. Aber sie wird relativiert durch den Hinweis: „Habt Mut: Ich habe die Welt besiegt." In der Welt werden wir immer wieder von Angst heimgesucht, können aber in dieser Bedrängnis auf Jesus schauen. In seinem Tod und seiner Auferstehung hat er die Angst besiegt. Und als der Auferstandene ist er bei uns, steht er uns bei, damit auch wir durch den Glauben teilhaben an seinem Sieg. Der Glaube sagt uns, dass wir zwar in der Welt sind, aber nicht von der Welt. (Vgl. Joh 17,16) Daher hat diese keine letzte Macht über uns.

Die beiden Rechtecke im Bild von Andreas Felger stehen für die Welt. Das untere Rechteck ist völlig dunkel. Es ist die Welt, die uns umgibt und bedrängt. Selbst im Glauben können wir uns kaum gegen sie wehren. In der Dunkelheit der Depression, in der Finsternis der Verzweiflung scheint der Glaube ohne Kraft zu sein. Die Welt schnürt uns ein, bestimmt uns. Wir spüren vielleicht die Sehnsucht nach dem Glauben, aber empfinden ihn als viel zu schwach, um die Welt zu gestalten und ihr gegenüber zu treten. Das obere Rechteck dagegen ist heller gehalten. Der weiße Hintergrund leuchtet immer wieder durch. Das nimmt ihm das Bedrohliche. Hier wird Wirklichkeit, was Jesus von uns gesagt hat: „Sie sind nicht von der Welt, wie auch ich nicht von der Welt bin." (Joh 17,16) Wenn wir mitten in der Welt von der Wirklichkeit Gottes leben, die nicht von dieser Welt ist, dann verwandelt sich unser Blick auf die Welt. Dann sind wir im Glauben schon vom Tod zum Leben hinüber gegangen. Auch jetzt wird uns die Angst immer wieder überfallen. Aber im Glauben sind wir der anderen Wirklichkeit gewiss, die auch in uns ist:

Gottes Gegenwart in unserem Herzen. Und das ist für Johannes die eigentliche Antwort auf unsere Angst. In den Abschiedsreden hat Jesus uns verheißen: „Wir werden zu ihm kommen und in ihm wohnen." (Joh 14,23) Wenn wir diese innere Wirklichkeit lebendig sein lassen, dann verwandelt das die Welt um uns herum. Sie hat uns nicht mehr im Griff, wie etwa im unteren Rechteck. Sie ist nach wie vor oft dunkel und bedrohlich. Aber bei allem, was uns ängstigt, wissen wir: In unserem Herzen wohnt Gott. Und dort, wo Gott in uns wohnt, hat die Angst keinen Raum. Dort kann sie nicht mehr nach unserem Herzen greifen. Sie prallt ab an unserem Glauben. Jesus selbst hat es uns in seiner Passion vorgelebt. Da antwortete er dem Pilatus auf seine Frage, ob er ein König sei: „Mein Königtum ist nicht von dieser Welt." (Joh 18,36) Es gilt auch für uns: Weil unser Königtum nicht von dieser Welt ist, hat die Welt auch keine Macht darüber. Die Angst ist wesentliches Kennzeichen dieser Welt. Sie wird uns überall hin begleiten. Aber sie kann uns das innere Königtum nicht rauben, weil es nicht dieser Welt zugehört.

Von außen
Widerspruch und Anfeindung,

im Innern
Angst und Furcht

18

Von außen Widerspruch und Anfeindung, im Innern Angst und Furcht

2 Kor 7,5

Im zweiten Korintherbrief schildert der Apostel Paulus den Korinthern die Not, die er in Mazedonien erlitten hat. Er fand dort keine Ruhe: „Überall bedrängten uns Schwierigkeiten: von außen Widerspruch und Anfeindung, im Innern Angst und Furcht." (2 Kor 7,5) Diese Beschreibung seiner Not betrifft nicht nur seine persönliche Erfahrung, sondern auch unser tägliches Erleben. Wir erfahren oft genug auch Anfeindungen und Widerspruch von außen. Manchmal können wir uns gut dagegen wehren. Aber es gibt genügend Situationen, in denen äußere Bedrängnis Angst und Furcht im Innern auslösen. Wenn wir uns nicht mehr genügend abgrenzen können gegenüber dem, was von außen auf uns einstürmt, dann erzeugt der äußere Widerspruch in uns Angst. Wir haben nichts mehr, worauf wir uns zurückziehen können. Das Äußere prägt auch das Innere. Wir sind ihm machtlos ausgeliefert.

Andreas Felger hat dieses Ineinander von äußerer Anfeindung und innerer Angst in den Gesichtern zum Ausdruck gebracht, die ineinander übergehen. Da wird das dunkle und bedrohliche Gesicht am rechten Rand Teil unseres eigenen Antlitzes. Es ragt in uns hinein. Es gibt keine Grenze mehr zwischen uns und dem feindlichen Gesicht. Die Auflösung der Grenzen ist die Ursache vieler Ängste. Auf dem Bild verschwimmen die Grenzen. Es ist nicht klar, wo mein Gesicht anfängt und wo es aufhört. Die Zacken des einen Gesichts ragen in das andere hinein und verletzen es. Wenn ich mich nicht abgrenzen kann, frage ich mich unablässig, was andere wohl über mich denken. Alles beziehe alles auf mich. Da lachen zwei nur miteinander und ich frage mich sofort, ob sie wohl über mich lachen. Bin ich denn eine so lächerliche Gestalt, dass sie sich über mich kaputt lachen müssen? Da blicken zwei mürrisch drein und ich befürchte gleich, etwas verkehrt gemacht zu haben, was sie bedrückt oder ärgert. Weil ich keine Grenzen mehr habe, kann mich auch nicht wehren.

Das Bild Felgers fängt den Zustand eines solchen Menschen ein, der nicht mehr durchblickt und nicht mehr weiß, wer er eigentlich selber ist. Die Konturen verschwimmen wie auch die Farben. Diese stehen für die Stimmungen. Es gibt Menschen, die jede Stimmung von außen in sich aufnehmen. Wenn zwei in der Gruppe einen Konflikt haben, sind sie davon besetzt. Ihr Lebensgefühl wird bestimmt von der Atmosphäre um sie herum.

Was sie selbst eigentlich fühlen, das wissen sie gar nicht. Entspricht ihnen die fröhliche Stimmung des hellen Rots oder die graue in der Mitte oder das Violett am linken Rand? Sie können es nicht sagen. Wer über seine Gefühle keine Klarheit hat, der ist in sich verunsichert. Er hat ständig Angst, von anderen manipuliert zu werden.

Doch wie kommen wir da heraus? In die rechte untere Ecke über seinen Namen hat Felger Bleistiftlinien gezeichnet, waagrechte und senkrechte. Sie deuten für mich an, dass es ums Abgrenzen geht. Ich muss mich erst einmal abgrenzen gegenüber den Gesichtern der andern. Dann kann ich mir klar darüber werden, wer ich eigentlich bin und was mein eigenes Gefühl ist. Wenn es Angst ist, dann kann ich es Gott hinhalten. Gott, so bekennt Paulus, „der die Niedergeschlagenen aufrichtet, hat auch uns aufgerichtet, und zwar durch die Ankunft des Titus." (2 Kor 7,6) Gott wird auch uns aufrichten. Und oft genug tut er es durch andere Menschen, die unsere Einmaligkeit achten, die uns in unserer Not beistehen und so unser Inneres mit Vertrauen und Zuversicht erfüllen.

Er ist erhört und befreit worden
aus seiner Angst

Er ist erhört und befreit worden aus seiner Angst

Hebr 5,7

19

Der Hebräerbrief führt uns Jesus als einen Hohenpriester vor Augen, der mit unserer Schwäche mitfühlen kann: „Als er auf Erden lebte, hat er mit lautem Schreien und unter Tränen Gebete und Bitten vor den gebracht, der ihn aus dem Tod retten konnte, und er ist erhört und aus seiner Angst befreit worden." (Hebr 5,7) Manche Exegeten meinen, damit sei der Kampf Jesu am Ölberg gemeint. Doch vermutlich schildert der Hebräerbrief mit diesem Satz das ganze Wirken Jesu. Jesus hatte Angst vor dem, was ihm an Leid widerfahren könnte. Er konnte sich ausrechnen, dass der Widerspruch, auf den seine Predigt bei den Führern der Juden stieß, ihn irgendwann an das Kreuz bringen würde. Worin die Angst Jesu bestand, sagt uns der Hebräerbrief nicht. Vielleicht waren es die Qualen am Kreuz, die ihm bevor standen, vielleicht auch die Sorge, er könnte unter den Folterhieben seiner Peiniger seinen Auftrag verraten. Vor dem Tod als solchem hatte Jesus sicher keine Angst. Da vertraute er, in die guten Hände seines Vaters zu fallen. Das Gebet unter Tränen und lautem Schreien war für Jesus der Weg, von Gott aus seiner Bedrängnis befreit zu werden. Es war kein sicheres Beten, das aus der Zuversicht der nahen Rettung kam. Wer mit lautem Schreien und unter Tränen betet, der betet mit der tiefsten Sehnsucht seines Herzens und mit seiner leidenschaftlichen Liebe zum Leben. Jesus hat sich selbst nicht aus der Angst befreit. Vielmehr war es der Vater, der sein Schreien und Beten erhört hat.

Das Bild mit dem großen weißen Quadrat kann die Stelle aus dem Hebräerbrief illustrieren. Da sind unten dunkle Balken, unruhig und aufgewühlt gemalt. Sie stehen für die aufgewühlte Seele. Doch wenn wir uns wie Jesus mit lautem Schreien und unter Tränen an Gott wenden, bildet sich auch in uns der große weiße Raum. Das Quadrat steht immer für die Erde im Gegensatz zum Himmel. Die weiße Farbe symbolisiert das Licht. Bei der Verklärung wurden Jesu Gewänder weiß wie Schnee. Wenn Gott unser Beten erhört, dann wird unser irdisches Leben verwandelt. Das Dunkel der Erde wird vom Licht erhellt. Angst bringen wir oft mit Dunkelheit in Verbindung, vor dem, was uns in der Finsternis angreifen könnte. Das weiße Quadrat ist vollkommen frei von aller Angst. Denn es wird eingerahmt von hellen gelben Balken, die auf Gott hinweisen. Wo Gott unser ganzes Leben umschließt – so wie er Jesus mit seinem göttlichen Sein umschlossen hat –

da hat die Angst keinen Raum mehr in uns. Sie mag noch Teil des Bodens sein, auf dem wir stehen. Aber in den inneren Bereich kann sie nicht mehr eindringen. Sie hat keine Macht mehr.

Du ließest uns schauen viel
Angst und Not

Du ließest uns schauen viel Angst und Not

Ps 71,20

20

Im Psalm 71 sucht ein frommer Beter Zuflucht bei Gott. Vom Mutterschoß an hat er sich auf Gott gestützt. Nun betet er als alter Mensch, dass Gott ihn nicht verlassen möge. Im Rückblick auf sein langes Leben bekennt er: „Viel Angst und Not ließest du mich schauen. Du wirst mich neu beleben, du führst mich wieder herauf aus den Tiefen der Erde." (Ps 71,20) Weil er weiß, dass Gott seine Zuflucht ist, in der er sich immer wieder bergen kann, vermag er sein Leben mit all der Not anzuschauen, die es in seiner Geschichte auch gab. Wer auf sein Leben zurückschaut, wird nie nur Lichtes und Angenehmes sehen. Da waren auch dunkle Erfahrungen, die uns gefangen halten wollten. Aber sie von der sicheren Zuflucht Gottes her anzuschauen, ängstigt uns nicht. Im Psalm ist die Grundstimmung des Beters positiv. Er weiß: durch Gott wird sein Leben gelingen. So kann er sich auch die Angst eingestehen, die Gott ihm zugemutet hat.

Es ist ein eigenartiges Bild, das uns Andreas Felger zumutet. Fünf Gestalten zeigt er uns, alle sind sie formlos. Die dunklen stehen aufrecht, die rötliche und orange Gestalt dagegen steht auf dem Kopf. Welchen Gestalten kann man sich wirklich zuwenden? Dunkle Striche durchziehen die stehenden. Das macht einen unangenehmen Eindruck, man möchte sie gar nicht anschauen. Und man weiß wieder nicht, woran man sich halten soll. Alles scheint durcheinander geraten. Für mich symbolisiert das Bild die Aussage von Psalm 71, dass Gott uns viel Angst und Not schauen ließ. Es erinnert mich an die Worte des heiligen Paulus: „Wer also zu stehen meint, der gebe acht, dass er nicht fällt." (1 Kor 10,12) Es ist die Angst, dass ich genauso fallen könnte wie die beiden Gestalten in der Mitte. Sie sind zwar in ein rosigeres Licht getaucht, man könnte also meinen, ihr Leben gelinge eher als das der dunklen Gestalten. Doch auch sie haben keine Garantie, dass sie nicht fallen.

Der Beter von Psalm 71 hat in seinem langen Leben sicher viele Menschen fallen gesehen. Und ihr Fall hat ihn daran erinnert, dass es ihm genauso gehen könnte. Er hat erfahren, dass die Feinde gegen ihn reden, um ihn zu Fall zu bringen: „Gott hat ihn verlassen! Verfolgt und ergreift ihn! Es gibt für ihn keinen Retter." (Ps 71,11) Offensichtlich gab es viele solcher Situationen, durch die er hätte zu Fall kommen können. Doch immer wieder hat er sich an seinen Gott gewandt, hat er auf Gott

gehofft. Und so will sein Mund „erzählen von deiner Gerechtigkeit, den ganzen Tag von deiner rettenden Hilfe. Ich kann sie nicht ermessen.“ (Ps 71,15) Bei aller Gefährdung hat er doch erfahren, dass Gott ihn geschützt und begleitet hat bis in sein hohes Alter. Voller Zuversicht geht er weiter seinen Weg.

Mein Herz

ängstigt sich
in meiner Brust

Mein Herz ängstigt sich in meiner Brust

Ps 55,5

21

In Psalm 55 weiß sich der Beter verfolgt von Feinden. Sogar sein bester Freund ist gegen ihn aufgestanden und beschimpft ihn. Klagend und seufzend irrt der Beter umher: „Mein Herz bebt mir in der Brust, mich überfallen die Schrecken des Todes. Furcht und Zittern überkommt mich, und es bedeckt mich Entsetzen." (Ps 55,5f) Am liebsten hätte er Flügel wie eine Taube und würde so allem Streit und aller Anfeindung entfliehen können. Er fühlt sich von den Feinden bedrängt. Dass Schlimmste ist, dass sogar die Freundschaft nicht mehr heilig ist. Die Worte seines ehemaligen Freundes sind linder als Öl „und sind doch gezückte Dolche". (Ps 55,22)
Wie verständlich, dass sich sein Herz in dieser Situation ängstigt! Wir alle kennen die Befürchtung, verraten zu werden von den Menschen, denen wir Vertrauen geschenkt haben. Manche trauen sich nicht, sich auf einen Menschen einzulassen. Ihr Vertrauen könnte ja missbraucht werden! Es tut unendlich weh, wenn ein vermeintlicher Freund sich von einem abwendet und die persönlichen Gespräche, in denen man ihm viel von sich und seinem Herzen anvertraut hat, missbraucht; wenn er die Schwächen, die man ihm offenbart hat, plötzlich ausnützt, um gegen einen zu kämpfen. Es ist verständlich, dass ein Mensch, der von einem Freund oder einer Freundin tief enttäuscht worden ist, sich nicht mehr so leicht auf einen Menschen einlassen und ihm Vertrauen schenken kann.

Ein schönes und angenehmes Bild malt Felger hier. Warme rötliche Farben, die wir gerne anschauen. Es berührt uns. Doch die Idylle trügt. Die roten Streifen sind von Rissen durchbrochen. Das warme Rot weist auf unser Herz, den Sitz der Liebe. Die roten Flächen wecken in uns die Vorstellung einer Liebe, die uns verbindet, die zwischen uns hin- und herströmt und uns wärmt. Doch in diese Liebe haben sich Risse eingegraben. An einigen Stellen hat der Maler Gesichter des Schreckens eingeritzt. Sie stören das harmonische Bild. Es sind Markierungen der Angst, dass selbst der größten Liebe nicht zu trauen ist. Selbst in die Freundesliebe kann sich Berechnung mischen. Wir möchten den Freund für uns ausnützen. Dient er unseren Zwecken nicht mehr, lassen wir ihn fallen, so wie der Freund den Beter in Psalm 55. Wenn auf die Liebe kein Verlass mehr ist, dann ängstigt sich das Herz. Das Heiligste, auf das es sich eingelassen hat, trägt nicht mehr. Im Gegenteil, dort wo größtes Glück war, klopft nun ein abgrundtiefer Schmerz. Wer diese

enttäuschende und verletzende Erfahrung machen musste, der befürchtet schnell, die Beziehungen, auf die er momentan baut, könnten sich genauso in ihr Gegenteil verkehren.

Der Psalmist reagiert auf die Angst, die sich in sein Herz eingegraben hat, mit der Selbstaufforderung: „Wirf deine Last auf den Herrn, er selber wird für dich sorgen. Niemals lässt er den Gerechten wanken." (Ps 55,23) Er baut nicht auf den Freund und die Freundschaft, sondern auf Gott. Das heißt nicht, dass Gott sein Ersatz für menschliche Beziehungen ist. Aber er weiß, dass er seinen tiefsten Grund in Gott hat. Und das ist ein fester Grund, ein Felsen, auf den er sein Lebenshaus bauen kann. Durch Enttäuschung und Vertrauensmißbrauch kann es nicht zu Fall gebracht werden. Die Last meiner Angst darf ich auf Gott werfen, er wird für mich sorgen. Er gibt mir festen Stand und lässt mich nicht wanken. Angst lässt mich zittern. Aber wenn ich in und durch Gott zu stehen vermag, kann sie mich nicht mehr zum Wanken bringen.

Ängstige Dich nicht ob des Traumes

Ängstige dich nicht ob des Traumes

Dan 4,16

22

König Nebukadnezzar lebt ohne Sorge und glücklich in seinem Palast. Doch „da hatte ich einen Traum, der mich erschreckte. Was ich auf meinem Lager sah, was meine Augen da erblickten, versetzte mich in Angst.“ (Dan 4,2) Nachdem seine eigenen Traumdeuter den Traum nicht zu deuten vermögen, ruft er Daniel. Der bekommt es mit der Angst zu tun, als er den Inhalt hört. Der König mahnt ihn: „Laß dich von dem Traum und seiner Deutung nicht ängstigen!“ (Dan 4,16) Doch die Angst, die Daniel erfasst, ist berechtigt. Denn er hat erkannt, dass der Baum aus Nebukadnezzars Traum den König selbst meinte. Und dieser Baum soll abgehauen werden. Wie die Tiere soll der König Gras fressen. Und erst nach dem Vergehen von sieben Zeiten wird er wieder in die Herrschaft eingesetzt werden.

Viele Menschen haben Angst vor ihren Träumen. Manchmal erzählen sie von Albträumen, aus denen sie schweißgebadet erwachen. Sie hätten schlecht geträumt, meinen sie dann. Doch Albträume sind nicht unbedingt schlechte Träume. Sie weisen mich vielmehr auf etwas in meiner Seele hin, das ich nicht übergehen darf. Ein typisches Thema von Albträumen ist die Verfolgung. Dunkle Männer verfolgen mich, ein Löwe oder gar ein Elefant. Manchmal ist auch nicht zu erkennen, was es ist. Verfolgungsträume verweisen mich auf meinen Schatten, den ich annehmen soll. Wenn mir das gelingt, erweist er sich oft als hilfreich. Eine gute Übung, mit dem Verfolgungstraum umzugehen, ist die sogenannte aktive Imagination, die C.G. Jung entwickelt hat. Ich lasse den Traum vor meinen Augen ablaufen und greife in ihn ein. Warum bist du hinter mir her?, frage ich den Verfolger, was möchtest du mir denn sagen? Und die Antwort des Verfolgers kann mich dann durchaus weiterbringen. Wir brauchen also keine Angst zu haben vor unseren Träumen. Wir können sie mit einem Menschen besprechen, um mehr Sicherheit zu haben, sie richtig zu verstehen. Auf jeden Fall ist es gut, sie im Gebet Gott hinzuhalten, damit sein Licht auch in die Abgründe unseres Unbewussten dringen kann, das sich im Traum zu Wort meldet.

Die zwei Gesichter könnten ein Bild sein für die Träume. Das eine Gesicht schaut in das auf dem Kopf stehende Gesicht. Beide wirken verschwommen, wie es Träume oft auch sind. Manche legen sich wie ein Grauschleier über unser Erleben. Das Gesicht auf der rechten

Seite unseres Bildes drückt dieses aus. Träume zeigen unseren inneren Zustand. Und anzuschauen, wie es wirklich in uns aussieht, ist nicht immer angenehm. Vielleicht glaube ich gerade, mein Leben gut geordnet zu haben. Und dann sagt mir der Traum, dass in mir doch noch manches durcheinander ist. Die beiden Gesichter auf dem Bild von Andreas Felger laden mich ein, das Verwaschene und Verschwommene, die undeutlichen Traumbilder in mir zuzulassen und anzuschauen. Nur wenn ich der Wahrheit ins Gesicht schaue, wird sich das Trübe in mir klären und das Chaotische ordnen. Allein die Wahrheit wird mich befreien.

Jesus betete
in seiner Angst
noch inständiger

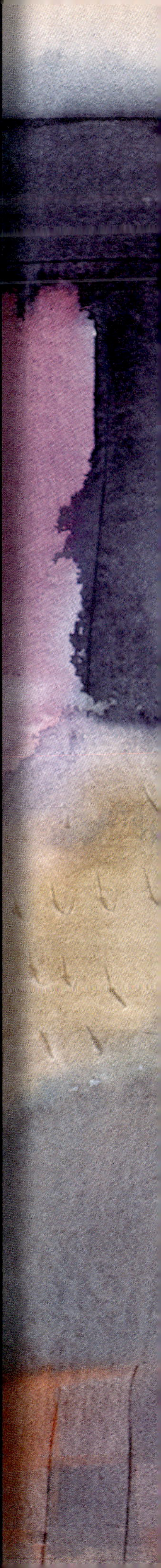

23

Jesus betete
in seiner Angst noch inständiger (Lk 22,44)

Matthäus, Markus und Lukas erzählen uns vom Gebetskampf Jesu am Ölberg. Jesus bittet den Vater, er möge doch den Kelch des bitteren Leidens und Sterbens an ihm vorüber gehen lassen. Doch immer mündet das Gebet Jesu in die Ergebung in Gottes Willen: „Aber nicht mein, sondern dein Wille soll geschehen." (Lk 22,42) Im Matthäusevangelium wird deutlich, dass Jesus am Ölberg mit seiner eigenen Existenz vorlebt, was er uns gelehrt hat. Am Ölberg erfüllt er, was er uns im Vater Unser zu beten gelehrt hat: „Dein Wille geschehe!" Lukas zeigt uns Jesus als den großen Beter. Immer wieder berichtet er uns, dass sich Jesus zum Gebet zurückgezogen hat. Und in seiner Ölbergerzählung steigt ein Engel vom Himmel herab und gibt Jesus in seinem Ringen neue Kraft, um noch inständiger zu beten. „Sein Schweiß war wie Blut, das auf die Erde tropfte." (Lk 22,44) Der Engel nimmt Jesus nicht die Angst vor dem Sterben. Er stärkt ihn nur, so dass er sich ihr stellen kann. Der Schweiß drückt körperlich aus, wie ihm zumute war. Indem Jesus das alles zulässt und seine Gefühle ausdrückt, verwandelt er sich. Ruhig kehrt er zu den Jüngern zurück, die vor Müdigkeit eingeschlafen sind. Mit innerer Kraft und mit Vertrauen kann er jetzt seinen Weg gehen. Er lässt sich weder von den Häschern, die ihn gefangen nehmen, noch von den Hohenpriestern oder von Pilatus Angst einjagen. Er geht souverän seinen Weg. Am Kreuz kann er selbst für seine Mörder und für den rechten Schächer noch beten. Und sterbend lässt er sich vertrauensvoll in die Hände des Vaters fallen: „Vater, in deine Hände lege ich meinen Geist." (Lk 23,46). Weil Jesus die Angst im Gebet ausgedrückt hat, ist er davon frei geworden. Jetzt erkennt der „heidnische" Hauptmann in diesem Jesus, der am Kreuz hängt, den wahrhaft gerechten Menschen, nach dem sich die Griechen seit Platon gesehnt hatten.

Das Bild mit dem Engel, der von der linken Seite herein schwebt und in der dunklen Umrahmung einen hellen Spalt bewirkt, erinnert mich an die Ölbergsszene. Wenn der Engel in unsere Angst hinein kommt, dann verliert das Dunkle seine bedrohliche Kraft. Der Engel öffnet uns ein Fenster zum Himmel. Aber er vertilgt nicht einfach die Not. Es fallen auch in seiner Nähe Schweißtropfen innerer Bedrängnis auf die Erde. Aber sie sind nicht mehr bedrohlich. Sie befruchten vielmehr die Erde. Es ist kein großer Engel, der in das Bild hinein fliegt, eher ein

unscheinbarer, aber er vermag dem Bild das Beängstigende zu nehmen und es heller erscheinen zu lassen. Und selbst der dunkle rechteckige Balken über dem weißen Spalt hat nichts Bedrückendes. Er schützt vielmehr nur den Spalt, in dem Gottes Licht eindringt in unsere Dunkelheit.

Die Angst, die Jesus am Ölberg verspürte, tritt heute vielfältig auf: in roher Gewalt, in Willkür von Mächtigen und Angst vor eigener Schwäche. Keiner von uns hat eine Garantie dafür, den Folterungen stand zu halten. Alfred Delp, der im Dritten Reich aktiv im Widerstand mitgearbeitet hat, erzählt, dass er in der ersten Nacht im Gefängnis angesichts der Gewalttätigkeit seiner Schergen innerlich fast zerbrochen sei. Erst allmählich habe er wieder innere Sicherheit zurück gewonnen. Der Ölberg erinnert uns noch an andere Ängste: in die Hände von unberechenbaren und grausamen Menschen zu fallen, die mit einem machen können, was sie wollen; im Stich gelassen und verraten zu werden von den eigenen Freunden. Dahinter steckt die Angst vor der eigenen Ohnmacht. Jesus hat sie durchlebt und überwunden. Wir können darauf vertrauen, dass der Engel, der ihm Kraft spendete, auch uns stärkt. Dann wird Angst uns nicht mehr auf unserem letzten Weg behindern.

Weil ich Angst hatte,
habe ich dein Geld in der Erde versteckt

Weil ich Angst hatte, habe ich dein Geld in der Erde versteckt

Mt 25,25

24

Jesus erzählt uns im Matthäusevangelium ein Gleichnis, das viele ärgert. Wo ein Gleichnis uns ärgert, da will Jesus uns dazu provozieren, unsere bisherige Sicht von Gott und von uns selbst aufzubrechen für die neue Sehweise des Glaubens. Es ist das Gleichnis vom anvertrauten Geld. Dem ersten und zweiten Diener gibt Jesus fünf, bzw. zwei Talente Geld. Beide wirtschaften mit dem Geld und verdienen nochmals die gleiche Summe hinzu. Sie werden von ihrem Herrn belohnt. Der dritte Diener empfängt nur ein Talent. Der geht hin und gräbt ein Loch in die Erde und versteckt es. Als der Herr ihn zur Rechenschaft zieht, antwortet er: „Herr, ich wusste, dass du ein strenger Mann bist; du erntest, wo du nicht gesät hast, und sammelst, wo du nicht ausgestreut hast; weil ich Angst hatte, habe ich dein Geld in der Erde versteckt. Hier hast du es wieder." (Mt 25,24f)
Welche Angst hat dieser Diener? Es ist die Angst, einen Fehler zu machen. Weil er alles kontrollieren will, damit ihm ja nichts verloren gehe, vergräbt er das Geld. Doch indem er sein Leben (ausgedrückt im Bild des Talentes) unter seine Kontrolle bringen will, gerät ihm zuletzt alles außer Kontrolle. Sein Sicherheitsdenken führt dazu, dass er in die Finsternis geworfen wird. Dort wird er mit den Zähnen knirschen. Ich kenne Menschen, die nachts mit den Zähnen knirschen. Sie wollen ihre Gefühle und ihr Unbewußtes unter Kontrolle bringen. So müssen sie es nachts, wenn es in ihrer Seele auftaucht, mit den Zähnen ausdrücken.
Wir wundern uns, warum der Herr in der Geschichte so hart reagiert. Doch Jesus will uns mit diesem grausamen Ende zeigen, wohin uns der Weg der Vermeidung und des Kontrollierenwollens führt. Damit möchte er uns einladen, den Weg des Vertrauens zu gehen. Die ersten beiden Diener werden nicht belohnt, weil sie viel verdient haben, sondern weil sie ihr Leben gewagt und ihr Vermögen aufs Spiel gesetzt haben.

Rot ist die Farbe der Liebe und des Lebens. Ein roter Keil steckt in der violetten Fläche des Bildes. Der Keil sitzt fest. Er kann sich nicht ausbreiten. Das Bild erinnert mich an den dritten Knecht, der sein Geld in der Erde vergraben hat. Weil er es festhalten möchte, kann es sich nicht vermehren. Die Liebe, die Gott uns geschenkt hat, möchte sich ausbreiten. Sie kann aber nur weiter fließen, wenn wir uns hingeben, anstatt uns festzuhalten. Ein Leben, das davon bestimmt wird, die andern könnten mir einen Fehler nachweisen

oder ich könnte etwas von dem verlieren, was ich an Gaben mitbekommen habe, führt immer in die Enge. Letztlich hat es die Konsequenz, die Jesus uns im Evangelium schildert: Heulen und Zähneknirschen. Wir weinen, wenn wir sehen, was die andern aus ihrem Leben machen, weil sie es aufs Spiel setzen und sich für eine Aufgabe oder für Menschen hingeben. Und wir knirschen mit den Zähnen, wenn wir unsere verdrängten Bedürfnisse und Impulse ständig unterdrücken müssen. Aus lauter Angst vor der Hingabe.

Jesus sagt uns nicht, wie Hingabe geht. Er zeigt uns nur die Konsequenz eines Lebens, das die Hingabe verweigert. Und er selbst lebt uns vor, was Hingabe heißt. Beim letzten Abendmahl gibt er sich uns ganz in Brot und Wein. Und am Kreuz vollzieht sich diese Hingabe vor aller Augen. In der Eucharistiefeier, die er uns zu seinem Gedächtnis aufgetragen hat, feiern wir immer wieder von neuem seine Hingabe, damit wir aus ihr leben und selbst auch wagen, uns hinzugeben. Wer sich nicht hingibt, dem wird das Leben zur Last. Bei dem bleibt das Leben, bleibt die Liebe stecken. Wer sich hingibt, bei dem strömt das Leben. Er fühlt sich lebendig. Und er erlebt das Wunder, dass er sich nicht verausgabt, weil er aus der göttlichen Quelle der Liebe schöpft, die unerschöpflich ist.

Er hat uns geschenkt,
dass wir,
aus Feindeshand befreit,
ihm furchtlos dienen

Er hat uns geschenkt, dass wir, aus Feindeshand befreit, ihm furchtlos dienen Lk 1,74

25

Im Lobgesang des Zacharias drückt Lukas schon am Beginn seines Evangeliums aus, was uns Jesus Christus durch sein Kommen in unsere Welt geschenkt hat. In Bildern, die sich an die Armenfrömmigkeit des Alten Testamentes anlehnen, zeigt er uns das Geheimnis der Erlösung. Ein wesentlicher Aspekt dessen ist, dass Gott in Jesus einen starken Retter erweckt hat, unseren Heiland und Erlöser, der uns aus der Hand unserer Feinde befreit, damit wir Gott ohne Angst dienen. Unsere Feinde, das sind für Lukas nicht in erster Linie Menschen, die uns übel wollen. Vielmehr sind es die Feinde unserer Seele: unsere Fehler und Schwächen, die uns niederhalten, unsere Schuldgefühle, mit denen wir uns zerfleischen. So ein Feind unserer Seele ist auch die Angst vor Gott. Sie lässt das Leben erstarren, dass es dunkel und schwer wird. Lukas schildert uns in dem Lied des Benedictus, das die Kirche täglich als Morgenlob singt, die Erlösung als die Freiheit, Gott ohne Angst zu dienen, „in Heiligkeit und Gerechtigkeit vor seinem Angesicht all unsre Tage". (Lk 1,75) Heiligkeit meint die rechte Gesinnung gegenüber Gott, die aus Gnade geschenkte Zugehörigkeit zum ihm. Gerechtigkeit ist das rechte Tun gegenüber den Menschen, das aus der Gottesgemeinschaft folgt. Doch beide Begriffe lassen sich auch noch anderes verstehen: Heilig ist nicht nur der, der von Gott geheiligt ist, sondern der dadurch heil und ganz geworden ist. Und Gerechtigkeit ist z.B. für Platon zunächst die Fähigkeit, den eigenen Seelenkräften gerecht zu werden. Wer in sich selbst richtig geworden und dabei in allem, was er tut, auf Gott bezogen ist, der ist frei von der Angst und erlöst zum Leben.

Angst vor Gott ist weiter verbreitet als wir oft meinen. Dabei bringt es nichts, auf Prediger zu schimpfen, die ein negatives Gottesbild verkündet haben. Diese Angst ist vielmehr tief in die menschliche Seele eingegraben. Sie ist verbunden mit der Vorstellung eines willkürlichen Gottes, der einem einen Strich durch die Rechnung macht; eines strafenden Gottes, der jedes unkorrekte Verhalten sofort bestraft; eines Richtergottes, vor dem ich nicht bestehen kann. Einem solchen Gott, der alles kontrolliert und beurteilt, fühlt man sich immer und überall ausgesetzt. Und alles Fliehen in Aktivismus befreit uns nicht von der Angst vor ihm. Für Lukas ist es Jesus, der uns befähigt, Gott ohne Angst zu dienen und durch Gott heil und ganz zu werden, gerecht und aufrecht, richtig und frei.

Auf dem Bild von Andreas Felger wird der weiße Spalt, durch den Gottes Heil in unser Leben eindringt, umstellt von klaren Farbflächen in Rot, Schwarz, Blau und Orange.

Schwarz: die Finsternis. Auf vielen Ikonen ist unter dem Kreuz eine schwarze Höhle zu sehen, oft mit einem Totenkopf. Durch die Erlösung am Kreuz ist die Finsternis der Welt überwunden.

Rot ist die Farbe des Lebens, des Blutes und der Liebe. Im Christentum steht das Rot für die Liebe, die in der Hingabe Jesu am Kreuz ihre Vollendung erfahren hat und Orange für die Verwandlung der Menschen, die vom Gottesgeist erfüllt worden sind. Die Ostersonne wird oft in Orange dargestellt.

Blau verweist auf den Himmel. Die berühmte „blaue Blume der Romantik" z.B. drückt unsere Sehnsucht nach Gott aus.

Wenn ich das Bild von Andreas Felger auf dem Hintergrund der Verse des Benedictus deute, dann sehe ich in der roten Fläche die Hingabe Jesu am Kreuz. Sie ist der Grund unserer Erlösung und unserer Heiligung geworden. Die orange Farbe zeigt mir die Verwandlung durch die Liebe, die uns am Kreuz offenbar geworden ist. Und das Blau verkündet, dass unsere Sehnsucht nach dem Himmel nicht ins Leere geht, sondern durch Jesus, den göttlichen Wanderer, der vom Himmel herab kam und in den Himmel aufgestiegen ist, bestärkt wird. Das Schwarz steht dann für die Feinde, aus deren Hand uns Jesus befreit hat. Der schwarze Balken ist noch da, so wie auf den Ikonen unter dem Kreuz die schwarze Höhle bleibt, als Hintergrund für die Erlösung, die das Dunkel überwunden hat. So verweisen uns das Bild und die Verse aus dem Lobgesang des Zacharias auf das Geheimnis unserer Erlösung, die am Kreuz ihren Höhepunkt erreicht hat. Die Erlösung ist für Lukas der tiefste Grund, dass wir nun ohne Angst Gott dienen können, in Heiligkeit und Gerechtigkeit.

Habt Vertrauen, ich bin es;
fürchtet euch nicht!

Habt Vertrauen, ich bin es; fürchtet euch nicht! Mt 14,27

352 Mal hören wir in der Bibel das Wort: „Fürchtet euch nicht!“ Ein Wort, das uns jeden Tag begleiten will. Im Neuen Testament ist es immer wieder Jesus, der es ausspricht. Seine in Angst geratenen Jünger richtet er damit auf. Ein wunderbares Beispiel ist die Erzählung vom Gang Jesu auf dem Wasser. Die Jünger sind allein im Boot, das von den Wellen hin und her geworfen wird. In der vierten Nachtwache geht Jesus auf sie zu. „Als die Jünger ihn über den See kommen sahen, erschraken sie, weil sie meinten, es sei ein Gespenst, und sie schrien vor Angst.“ (Mt 14,26) Auf diesen Schrei reagiert Jesus mit seinem Zuspruch: „Habt Vertrauen, ich bin es; fürchtet euch nicht!“ (Mt 25,27) Dieses Wort gibt Petrus den Mut, aus dem Boot zu steigen und wie Jesus über das Wasser zu gehen. Doch sobald er seinen Blick von Jesus weg auf die Wellen lenkt, geht er unter und ist auf die helfende Hand Jesu angewiesen. Unter zu gehen in den Wellen des Meeres, ist eine Angst, die wir kennen. Sie erfasst uns, wenn die Wellen und Wogen unseres Lebens zu hoch über uns zusammen schlagen und uns mit in die Tiefe zu reißen drohen; wenn wir empfinden, dass das Boot, in dem wir sitzen, nicht mehr trägt. Die Angst der Jünger bezieht sich aber auch auf das Unerwartete

und Unverständliche. Sie erleben Jesus wie ein Gespenst. Denn sie können sich nicht vorstellen, dass er über das Wasser geht. Wenn Gott in unser Leben tritt, kann das in uns durchaus zunächst Angst auslösen. Wir brauchen dann die Zusage Jesu: „Fürchte dich nicht. Ich bin es."

Im Matthäusevangelium sagt Jesus als der Auferstandene zu den Frauen, die vor ihm niederfallen: „Fürchtet euch nicht!" (Mt 28,10) Der Auferstandene ist der, der uns alle Angst nimmt. Matthäus beendet sein Evangelium mit der Zusage Jesu, die uns für immer von aller Angst befreien soll: „Seid gewiß: Ich bin bei euch alle Tage bis zum Ende der Welt." (Mt 28,20) Die Gewissheit, dass Jesus bei uns ist, hat die Kraft, uns alle Furcht zu nehmen. In seiner Auferstehung hat er alle Angst überwunden. Seine tiefste Botschaft ist: „Du brauchst keine Angst zu haben. Du bist nicht allein, weder in der Dunkelheit noch in der Verlassenheit, weder in der Krankheit noch im Tod. Ich bin mit dir. Ich bin bei dir. Ich bin in dir."

Das letzte Bild von Andreas Felger ist ein Osterbild. Da geht die orangefarbene Sonne der Auferstehung auf und erleuchtet unser Leben. Rings um die Auferstehungssonne gibt es nur gelbe und orange Streifen. Nur am Bildrand tauchen einige schwarze Flecken auf. Aber sie haben ihren Schrecken verloren. Sie sind nur die Erinnerung an die Angst, die uns im Griff hatte. Wenn Christus, der Auferstandene, in uns aufsteht, dann hat die

Angst keine Macht mehr über uns. Aber es wäre zu einfach zu sagen: „Durch die Auferstehung ist unsere Angst ein für allemal besiegt. Wir brauchen uns nie mehr zu fürchten." Die Erfahrung zeigt uns, dass wir trotz der Auferstehung immer wieder Dunkles erleben. Und wir sollen uns deshalb keine Vorwürfe machen. Aber der Weg, den uns die Bibel weist, besteht darin, dass wir unsere Angst in das Licht der Auferstehung halten. In der Auferstehung hat Jesus den Tod, den wir am meisten fürchten, überwunden. Da ist sein Licht in die Dunkelheit des Totenreiches eingedrungen. Dieses Totenreich, das auch in den dunklen Bereichen der Seele existiert, sollen wir immer wieder der Auferstehungssonne Jesu aussetzen. Sein Licht wird auch in unsere Angst eindringen und sie verwandeln. Wir erleben dann in uns Auferstehung und wissen unsere Angst wirklich überwunden. Aber diese Erfahrung innerer Auferstehung lässt sich nicht festhalten. Not und Bedrängnis werden sich immer wieder melden. Dann kommt es darauf an, uns an die Auferstehung Jesu zu erinnern und unsere Angst, so wie wir sie gerade erleben, mit der Auferstehung Jesu zu konfrontieren. Andreas Felger lädt uns ein, das Bild der Auferstehungssonne immer mehr in uns einzuprägen, damit dieses heilende Bild die krank machenden und bedrohlichen Bilder unserer Seele durchdringt und verwandelt und uns so mehr und mehr von der Angst befreit.

Bilder

Seite 11
Andreas Felger, „Ohne Titel“
Aquarell, 2003, 19 × 27,5 cm

Seite 15
Andreas Felger, „Ohne Titel“
Aquarell und Bleistift,
2004, 15,5 × 21,5 cm

Seite 19
Andreas Felger, „Ohne Titel“
Aquarell, 2004, 30 × 39,5 cm

Seite 23
Andreas Felger, „Ohne Titel“
Aquarell, 2004, 27,5 × 37 cm

Seite 27
Andreas Felger, „Ohne Titel“
Aquarell, 2004, 30 × 40 cm

Seite 31
Andreas Felger, „Ohne Titel“
Aquarell, 2004, 37,5 × 28 cm

Seite 37
Andreas Felger, „Ohne Titel“
Aquarell, 2004, 27,5 × 37 cm

Seite 41
Andreas Felger, „Ohne Titel“
Aquarell, 1996, 18,5 × 19,7 cm

Seite 45
Andreas Felger, „Ohne Titel“
Aquarell, 2004, 30 × 39,5 cm

Seite 49
Andreas Felger, „Ohne Titel“
Aquarell und Bleistift,
2004, 28 × 38 cm

Seite 53
Andreas Felger, „Ohne Titel“
Aquarell, 2004, 37 × 55 cm

Seite 59
Andreas Felger, „Ohne Titel“
Aquarell, 1993, 20,5 × 30 cm

Seite 63
Andreas Felger, „Ohne Titel“
Aquarell, 2004, 28 × 37,5 cm

Seite 67
Andreas Felger, „Ohne Titel“
Aquarell, 2001, 37,5 × 27,5 cm

Seite 71
Andreas Felger, „Ohne Titel“
Aquarell, 2002, 19 × 27,5 cm

Seite 75
Andreas Felger, „Ohne Titel“
Aquarell und Bleistift,
2004, 31,5 × 23,5 cm

Seite 79
Andreas Felger, „Ohne Titel“
Aquarell, 2004, 55,5 × 37,5 cm

Seite 83
Andreas Felger, „Ohne Titel“
Aquarell und Bleistift,
2004, 23,5 × 31,5 cm

Seite 89
Andreas Felger, „Ohne Titel“
Aquarell, 2000, 37,5 × 39 cm

Seite 93
Andreas Felger, „Ohne Titel“
Aquarell und Bleistift,
2004, 31,5 × 23,5 cm

Seite 97
Andreas Felger, „Ohne Titel“
Aquarell, 57,5 × 75,5 cm

Seite 101
Andreas Felger, „Ohne Titel“
Aquarell, 2004, 55 × 38 cm

Seite 105
Andreas Felger, „Ohne Titel“
Aquarell, 1995, 38,5 × 50 cm

Seite 111
Andreas Felger, „Ohne Titel“
Aquarell, 1995, 75 × 55 cm

Seite 115
Andreas Felger, „Ohne Titel“
Aquarell, 2002, 20 × 37,5 cm

Seite 121
Andreas Felger, „Ohne Titel“
Aquarell, 2004, 56 × 39,5 cm

Die Skizzen stammen aus einem Skizzenbuch von Andreas Felger und entstanden im Jahr 2004.

Anselm Grün und Andreas Felger in dessen Atelier, Januar 2005

Andreas Felger
1935 in Belsen am Fuß der Schwäbischen Alb geboren. Lehre als Musterzeichner.
1954 – 1959 Studium an der Kunstakademie München.
1959 Beginn der selbständigen Tätigkeit, zunächst als Designer, dann als Maler.

Er gestaltet Farbholzschnitte, Aquarelle, Ölmalerei und Skulpturen.
Einzelwerke und Zyklen. Architekturgebundene Arbeiten. Vertreten in öffentlichen Einrichtungen und Sammlungen. Ausstellungen im In- und Ausland. Zahlreiche Buchveröffentlichungen.

2002 Gründung der Andreas Felger Kulturstiftung zur Inspiration und Förderung zeitgenössischer Kunst und Unterstützung des kulturellen Engagements an den Orten der Jesus-Bruderschaft.

Andreas Felger lebt in der Jesus-Bruderschaft, Kommunität Gnadenthal.

Anselm Grün
1945 in Junkershausen in der Rhön geboren
1964 nach dem Abitur Eintritt als Novize ins Benediktinerkloster Münsterschwarzach
1965 – 1971 Theologiestudium in St. Ottilien und Rom
1974 Promotion
1974 – 1976 Studium der Betriebswirtschaftslehre in Nürnberg
1977 – heute Verwalter des Klosters Münsterschwarzach

Kursleiter und spiritueller Begleiter für Meditation, tiefenpsychologische Traumdeutung, Kontemplation und Fasten.
Zahlreiche Veröffentlichungen und Vorträge.

Bei Präsenz Kunst & Buch außerdem erschienen:

Engel – Bilder göttlicher Nähe

Anselm Grün · Andreas Felger

24 Engel-Meditationen von Pater Anselm Grün zu leuchtenden Aquarellen von Andreas Felger. Eines der schönsten Engelbücher.

128 Seiten, Hardcover mit Fadenheftung, Schutzumschlag
Format 20,5 x 28 cm, ISBN 3-87630-509-8
24,90 Euro / 43,70 sfr

In Kooperation mit dem Herder-Verlag erschienen.

Durch seine Wunden sind wir geheilt

Andreas Felger · Anselm Grün

Aquarelle zur Passion Jesu geben dem Betrachter viel Raum und laden ein, den Kreuzweg mitzugehen.

64 Seiten, Hardcover mit Fadenheftung, Schutzumschlag
Format 25 x 32 cm, ISBN 3-87630-515-2
35,– Euro / 60,50 sfr

CD-ROM mit Bildbetrachtung
im Hefter mit Textteil, ISBN 3-87630-018-5
24,90 Euro / 43,70 sfr

In Kooperation mit dem Katholischen Bibelwerk erschienen.

Befrei mein Herz von der Angst

Aquarelle und Zeichnungen
Andreas Felger, Gnadenthal

Text
Pater Anselm Grün, Münsterschwarzach

Lektorat
Tanja Jeschke, Stuttgart
Br. Franziskus Joest, Gnadenthal

Gestaltung und Herstellung
Martina Heuer und Stefan Wiesner, Gnadenthal

Reproduktionen
Digital Design Borgers, Hünstetten-Wallrabenstein

Druck und Bindung
Passavia, Passau

Präsenz Kunst & Buch, Gnadenthal, 65597 Hünfelden
www.praesenz-verlag.de

ISBN 3-87630-528-4